# 不对立
# 温和养育

[美] 奥布里·哈吉斯 著

吴 攸 译

南海出版公司

2023·海口

**图书在版编目（CIP）数据**

温和养育：不对立 /（美）奥布里·哈吉斯著；吴
攸译. -- 海口：南海出版公司，2023.1
ISBN 978-7-5735-0237-7

Ⅰ. ①温… Ⅱ. ①奥… ②吴… Ⅲ. ①幼儿教育—家
庭教育 Ⅳ. ①G781

中国版本图书馆CIP数据核字(2022)第115773号


**著作权合同登记号　图字：30-2022-088**
Toddler Discipline for Every Age and Stage
BY：Aubrey Hargis
Text © 2018 Callisto Media Inc.
All rights reserved.
First published in English by Rockridge Press, a Callisto Media Inc imprint.
Simplified Chinese rights arranged through CA-LINK International LLC.


本书由美国 Callisto Media Inc. 授权北京书中缘图书有限公司出品并由南海出版
公司在中国范围内独家出版本书中文简体字版本。

WENHE YANGYU：BU DUILI
温和养育：不对立

---

 策划制作：北京书锦缘咨询有限公司
　　　　　总 策 划：陈　庆
　　　　　策　　划：宁月玲

著　　者：[美]奥布里·哈吉斯
译　　者：吴　攸
责任编辑：张　媛
排版设计：柯秀翠
出版发行：南海出版公司　电话：（0898）66568511（出版）　（0898）65350227（发行）
社　　址：海南省海口市海秀中路51号星华大厦五楼　邮编：570206
电子信箱：nhpublishing@163.com
经　　销：新华书店
印　　刷：昌昊伟业（天津）文化传媒有限公司
开　　本：710毫米×1000毫米　1/16
印　　张：10
字　　数：115千
版　　次：2023年1月第1版　　2023年1月第1次印刷
书　　号：ISBN 978-7-5735-0237-7
定　　价：58.00元

# 前 言

　　我既是一名教育心理学家，也是一位五岁孩子的母亲，我的工作与孩子息息相关。让孩子幸福成长，既是我的工作，也是我的激情所在。这本书针对我多年来学习和工作中遇到的问题给出了解决方案。在孩子的成长过程中，书中清晰而有条理的指南可以供家长参考，为下一阶段的教育作准备，也可以在家长束手无策时提供帮助。

　　在写作本书的过程中，奥布里有一次提醒我，管教孩子的第一步是问问自己，孩子的行为（例如用手吃饭）是否确实存在问题。这成为我喜欢的记忆片段之一。她在书中写道，有一些优先事项和我们所能控制的事情才是重点（比如引导孩子在餐桌上要注意礼仪）。

　　我儿子很爱说话，即使是超出他年龄的话题，他也愿意参与讨论。因为他太会说话，所以，我们总觉得只要他说可以做到的事，他就一定能做到。因此，在他言行不一的时候，我们做家长的和孩子都会感到挫败。奥布里清晰地介绍了每个阶段的孩子应达到的程度，并提醒家长，每个孩子的发展都遵循自己的轨迹。了解这一点我们才能和孩子和谐共处。到目前为止，我相信我的孩子总有一天会用筷子吃面条。

在阅读本书时，读者会发现将孩子的需求、兴趣和喜好与他的行为联系起来是一件多么有趣的事。你还会学到如何在孩子不同的成长阶段完成相应的任务，深入了解如何塑造家庭环境以满足孩子的需求，并探索帮助孩子管理情绪的方法，以及学习尽可能多地说"是"的策略。

正如奥布里指出的那样，养育子女是人类成长的终极机会。我鼓励读者们接受本书中的指导，与孩子建立并保持合作关系，并尽情享受这场冒险！

布蕾娜·西尔维斯特博士

（好奇心与早期学习创始人）

# 简 介

他在厨房对面瞪着我，眼中燃烧着怒火。他屏住呼吸，用尽全力冲向我，他的头撞到了我的肚子上，随之而来的是他整个身体的重量。他摆动着手臂，不知是想要打我，还是情绪失控。幸好我还是比他强壮一点，我把他抱在胸口，尽量不弄疼他。他尖叫着抗议，伸手抓住我的腰，眼泪在眼眶里打转，我的心也沉甸甸的。

大脑在飞速运转，我反复回想我所知道的所有管教孩子的策略，接着我进行了反思：我是不是犯了错误？是我管得太严了吗？我是不是对孩子太苛刻，或者太没有同情心了？我自己是不是很容易情绪失控？最糟糕的想法是，我作为一个家长，是不是很失败？

我放弃了和他战斗。我能感觉到自己的心怦怦直跳，我尝试把这股能量转化为爱，紧紧地拥抱着他。我说道："你生我的气了！你真的真的很生气！对不起，我们吵架了，但是我不想和你吵，我爱你。我太爱你了！"他的身体逐渐柔软下来，他颤抖着吸了一口气，啜泣了起来。我们一起瘫坐在了地板上，我们两个都弯曲着膝盖，低垂着头。此时我仍然不知道在别人眼里，我处理这件事的方式是否正确，但我的孩子有着自己独特的冲动和强烈的情感，他接受了这个拥抱。我们来回摇晃了很长时间，我不断地低声对他说："我爱你，我爱你，我爱你。"

每次家长与孩子互动的时候，我们都有机会教导他们管理自己的情绪，并在社交场合表现得体。这并非易事，我们如何应对孩子带有挑衅性的行为，很大程度上取决于我们自身的性格和安全感。

我的父母分别是蒙台梭利幼儿园的教师、心理学家，于是儿童的发展成了我们家餐桌上经常讨论的话题。十三岁的时候，我已经完全迷上了这个话题。我童年时代的英雄是艾尔菲·科恩（Alfie Kohn）和马德琳·斯威夫特（Madelyn Swift），他们两位强烈主张对孩子采取更积极、更富有同情心的管教方法。我也意识到我的成长环境与许多同龄人不同。我的朋友和堂兄弟姐妹会受到父母的惩罚，而我的父母从来都是对我进行引导和建议。不过坦白来说，这也并不容易，我需要表达我的情绪，直到和父母达成一致，找到解决方案，所以有时候接受惩罚似乎看起来更简单一点！尽管如此，我对成长过程中父母给予的陪伴和引导有着很深刻的认识，而对孩子的公平和尊重也深深地刻在了我的思想里。

经过几年的幼儿园工作经历，以及对管教技巧和处理挑衅的策略的大量研究，我发现有效的育儿似乎是很容易的。当看到一个孩子在超市发脾气、耍性子时，我想，如果家长能采取正确的方式来处理，这个令人尴尬的冲突或许就可以避免，就像鲍勃·迪伦唱的那样："啊，昔日我曾经如此苍老，如今才是风华正茂。"

我记得第一次处理孩子发脾气时，我输得一败涂地！我烂熟于心的所有策略现在都必须在实践中运用，而不仅仅是说教。而我对这些策略的认识不够客观，我完全是这一领域的新手。我从书本上学习的知识现在必须在实践中从零开始，是我的孩子们在教我如何正确地养育他们。

现在，作为一名育儿指导和教育顾问，我倾听着许多家长的担忧和焦虑，那些学步岁月的艰难，也唤起了我记忆中的心痛。为人父母是一段谦卑的经历。儿童在生命的最初几年里会经历一系列快速发展的阶段，我们很难跟上他们的脚步，更别说预测接下来会发生什么变化了。就像我妈妈总是带着点"厚脸皮"说的那样："如果你不喜欢你孩子的行为，就等几个星期，等一个新的发育阶段。到那时，你要解决的就是一个完全不同的问题了！"

此外，我们大多数人都不记得自己蹒跚学步的日子。我们只能想象孩子在一步步走向独立的同时，也需要安全感和舒适感，而这些，只有父母能提供。

像我们的孩子一样，我们也在成长的道路上不断前进。我们所追求的是培养孩子的潜能，并在此过程中学习如何成为一个更强大、更具同情心的人。每一天，我们都勇敢地面对孩子可能的暴躁和挑衅行为，这些障碍甚至会让那些最勇敢的人都想退却。然而在这一次次的挑战中，你从来都不是一个人在面对。

现实生活不是童话故事，没有魔法棒或咒语能让我们跳进幸福的世界。但是，我可以为大家提供一张地图，揭示孩子自然发展的道路。

我也可以帮助家长全副武装，备好一系列的养育策略，让大家在和自己孩子的互动中挑选适合的方法。我可以预告大家所有家长每年都会遇到的问题，这样我们就知道该在哪方面作准备了。我可以向你保证，世上没有完美这回事。我们都会犯错，然后从我们的错误中吸取教训。不要小看孩子原谅和接受我们错误的能力。我保证，只要我们能满足孩子对健康、安全和爱的基本需求，我们就会走出昏暗的森林，沐浴暖阳。

# 目 录

# 第 **1** 章
CHAPTER 1

# 如何管教你的孩子

毫无疑问，人人都想要一个乖巧听话的孩子。不管是来自家人、朋友，还是来自街上陌生人的压力，都会让我们想要确保这个迷你版的自己能够保持礼貌和安静。

好消息是，我们的孩子会变得乖巧而听话。坏消息是，孩子不可能一直保持乖巧听话。由于人类大脑发展的本质，我们的孩子需要时间、耐心和教导，一步步学习如何尊重他人并调节自己的情绪状态。

# 解读"管教"

　　作为家长，我们如何才能让孩子表现得好？答案可能令人震惊：我们什么都不用做。在他当前发展的能力范围之内，他自己就可以改变自己的行为。但是作为父母，我们有权利帮助孩子选择听从并配合家长的要求。我们可以告诉他在不同情况下，社会对个体的行为期望是什么。孩子需要管教，换言之，孩子需要得到家长的指导和训练。

　　什么是最有效的幼儿管教方法？对此育儿专家们还没有达成共识，但现在有很多现成的技巧让家长尝试。首先浮现在我们脑海中的可能是惩罚措施，但是长期训斥孩子、没收孩子的东西，或者禁止孩子做一些事情等，可能会给孩子以后的生活带来不可估量的后果。在惩罚孩子的同时，我们也在向孩子们传递一个信息：家长要让他为自己的所作所为感到痛苦。这时，在潜意识里，他就会认为你的爱就等于你的认可。

　　一个用惩罚来约束孩子行为的家长，可能会认为自己"在做负责任的事"或"制定规则"。可他们看不到的是，在孩子服从的表象之下，他选择改变自己的行为是因为他害怕被伤害。许多在儿时受过严厉惩罚的成年人，都承受着更高的压力，这些压力会导致过度的内疚、焦虑或抑郁，甚至有一些人不知如何维持与他人健康、信任的关系。相比之下，在合理程度下让孩子承担行为后果，则不会产生消极结果，比如，将孩子从不安中解救出来，或帮他们解决问题。对不安全或不恰当的行为设限会产生积极的效果。关于这些效果的更全面的解释以及如何在执行中避免惩罚，请参见p96。

> **小贴士** 我们很难在情感上不认同父母养育我们的方式。拒绝使用管教技巧并不会贬低一段关系的价值，也不会否定一个人的积极贡献。既然育儿之旅需要自我反省，我希望你能接受任何不适的感觉，并在阅读本书中提供的建议时保持开放的心态。

在寻找替代惩罚的方案时，父母通常会转而使用奖励或表扬来鼓励孩子尊重他人的行为。支持这种育儿技巧的专家建议，通过分发贴纸、糖果或者其他特殊物品，来换取孩子的顺从。"我喜欢你坐的样子""干得好"等评价性的表扬，的确能强化孩子的积极行为，但如果过度使用赞美之词，就会显得家长是想在情绪上控制孩子。一旦家长的贿赂或承诺不再具备足够的诱惑力来对抗潜在的刺激感，孩子可能就会拒绝。如果孩子不听话的行为是琐碎的小事，比如大一点的孩子在睡觉时拒绝关电视，就不是什么大问题。但是如果这些行为给孩子自己、他人或环境带来困扰，甚至造成伤害，这就成了一件大事，比如酒驾。

　　一个更好的管教孩子的方法是，使用一些技巧来培养他判断是非的能力。但这并不意味着让他为所欲为。虽然他还是个蹒跚学步的孩子，但家长要负责做出任何你认为对孩子有利的重大决定。由于幼儿缺乏用理性态度或逻辑来解决问题的能力，他们也无法确定在特定情况下哪种行为更加合适，因此家长需要逐步指导他。通过做出简单而有意义的选择，孩子的独立性将逐渐增强。当孩子释放情绪或者情绪失控时，家长需要通过移情或适当地满足他的需求来提供支持，让孩子感觉到安全和被爱。

# 家长要设定实际的育儿目标

家长对孩子行为的期望，往往是孩子在当前年龄无法达到的。为了帮助家长正确地看待孩子的发展。本书的每一章都介绍了孩子在该年龄的发展情况，对孩子行为期望提出了建议。这将帮助家长纠正自己的育儿方法，正确确立孩子成长的短期目标和长期目标。

## 短期目标

有时候家长需要给孩子的行为设限。对于这些理想状态下的行为限制，家长要么迅速执行，要么果断放弃。以下是一些与行为问题相关的常见的短期目标案例。

- 注意安全：见p31，分散和转移注意力
- 睡个好觉：见p38，睡前挣扎
- 礼貌待人：见p112，外出去公共场合

· 停止抱怨：见 p143，结束哭闹

## 长期目标

前一段时间，我问一群家长，他们希望自己的孩子将来能具备什么特点，没有一个人提到"服从"。相反，我收到了鼓舞人心的答案，家长提到了许多崇高、乐观的长期目标。这些家长希望他们的孩子成为快乐、有责任感、独立、富有同情心、诚实、坚定、有韧性、有内在动机和善于解决问题的成年人。

我们都应该花几分钟写出自己的答案。可以先想想你自己的优势是什么，帮助你发展这些优势的经验是什么。还要考虑你的家庭和社区价值观，写出你认为最重要的那个。

当选择本书中提出的训练技巧时，请你想想它们是否能为长期目标打下基础。例如，给两岁的孩子一个简单的选择——穿一件红衬衫或一件蓝衬衫。这是一个小小的、支持性的管教行为，但它不仅能帮助你避免早晨的慌乱，还能培养孩子的独立性和责任感。当你和你四岁的孩子坐下来用心谈谈，为什么把一个人排除在集体活动之外会给他造成伤害时，你是在告诉孩子同情心的重要性。

管教那些经常无理取闹、情绪化的幼儿可能会令人感到沮丧。为了提醒自己，你可以把目标清单放在每天都能看到的地方，比如钱包里，或者贴在门上、冰箱上。

# 什么在影响孩子的性格和行为

　　家长的育儿方式对孩子的行为以及他们未来在这个世界上所处的阶层产生着重要的影响，但这并非唯一因素。许多人认为孩子的个性是由父母的放纵或专横造成的，这种说法其实并不可靠。我们的孩子是一个独特而有价值的人，天生就具备某些特质的倾向，这些特质是在子宫内形成的，并受到整个幼年时期经历的持续影响。

　　1970 年，科学家发表了一项婴儿对刺激反应的研究。在这项革命性的研究中，亚历山大·托马斯（Alexander Thomas）、史黛拉·翟斯（Stella Chess）和赫伯特·伯奇（Herbert G. Birch）认为，儿童的"气质是由性格和环境的不断相互作用而形成的"。这项研究中提到的九个性格特征，可以让我们深入了解，为什么在相似环境中长大的孩子会表现出不同的行为。

　　**活跃程度**　此特征是指孩子平时的能量水平。一个精力旺盛的孩子可能会一刻不停地活动身体。而安静的孩子则很少活动，他们更喜欢平静的状态。如果你的孩子经常攀爬家具、绕圈乱跑，或者晚上在床上蹦蹦跳跳，请每天保证充足的户外活动时间，让他的肌肉可以自由活动。在室内的时候，你要关注如何在安全的前提下满足他伸展身体和独立探索的需求。

**规律性**　孩子的生物钟是否能预测？有些孩子在吃饭、睡觉、排便上非常规律。对这些孩子来说，可预测的作息时间让他们感到舒适，而这一时间最好由他们自己来决定。有些孩子会表现得不规律，这可能会让吃饭、午睡和上厕所变成一项复杂的工作。父母的干预和灵活的安排是避免冲突的必要条件。

**专注性**　你的孩子容易因外界影响而分心吗？当你把一个不安全的物品换成一个安全的玩具，或者当你一边唱歌一边做一件不吸引人的工作，比如系好汽车座椅或换纸尿裤，注意力分散的孩子依旧是满意的。而专注力强的孩子则在一项任务没有完成前，会一直感到不满。

**最初反应**　当面对新事物时，比如陌生人，新的食物、玩具、活动时，孩子有多渴望接受这些新体验？有些孩子很容易接受新鲜事物，他们会立即互动，主动参与。而另一些孩子则比较慢热，需要时间去适应和评估当前的情况。当你把孩子介绍给一个陌生人，比如保姆，他可能更喜欢安静地坐在你的腿上观察一会儿，然后再互动。然而，一些孩子从新的经历中退出要戏剧性得多，需要成人的耐心和鼓励。一个对新情况表现出消极的孩子，可能会哭泣、躲藏或逃跑。他需要情感上的支持和大量的时间来适应新的变化。

**适应性**　指孩子随着时间的推移适应新的事物或习惯的能力。如果孩子的适应能力较强，就可以轻松从一种活动过渡到另一种活动。尽管他需要一些时间适应新的作息时间，但家长通常不会遇到阻力。

而有些孩子则会对新的生活方式产生消极反应，表现为发脾气、抗拒或焦虑。这些孩子更适合在日常生活中循序渐进地转变，而不是戏剧性地突然转变。

**专注力的范围和持续性** 你的孩子能否长期专注于某一项活动？在遇到困难时，他是否会继续重复并练习新的技能？当被要求去完成最初令人沮丧的任务时，专注力和毅力较高的孩子不会轻易放弃。另一方面，如果你打断他正在做的事情，而让他去做另一件事时，他可能会坚定地拒绝。如果孩子的注意力持续时间短，毅力较差，他可能需要更多循序渐进的方法、提醒和视觉提示来完成困难的任务。

**反应强度** 你的孩子表现出多强烈的情绪？非常紧张的孩子可能会被贴上"反应过度"的标签，这些孩子可能会因为小小的失望而激动、哭泣或发脾气，也会因为小小的成功而兴奋地庆祝。反应强度较低的儿童可能只会微笑或哭泣，但总体而言，他们对事件的反应要温和得多。

**感觉阈限** 对于不同的身体感觉，孩子的反应是积极的、消极的，还是完全没反应？有些孩子很敏感，容易受感官刺激的影响，比如噪声、光线或某种材料的质地。对于这些孩子来说，拥挤嘈杂的地方让他难以适应。其他孩子则会做出相反的反应，并有意寻求更多的刺激。

**情绪质量** 你的孩子是开朗、乐观的人，还是敏感、稳重的人？当然，孩子的情绪每天都不一样，但总的来说，大多数孩子的情绪都会有更积极或更消极的倾向。

人类的个性是独特的，也是美丽且互补的。无论孩子属于哪一种性格特征，他都应该作为独特的个体被理解和重视，家长应承认他是谁，或将要成为什么样的人。有些情况对孩子来说更容易处理，一些纪律策略会比其他策略对他更有效。通过了解他对待生活的方式，你将能够理解他，然后选择最有效的育儿技巧，并慈爱地引导他直至成年。

# 适合孩子年龄的管教策略

孩子的气质可能从婴儿期开始就保持不变，但人类发展的自然过程并非一条稳定的道路。随着成长，孩子的需求、兴趣和行为会发生变化，甚至是戏剧性的变化，因此你的管教策略也必须适合现在的他。

对于一岁的孩子来说，使用"分散和转移注意力"的策略通常非常有效，而且容易实施，即使孩子的注意力容易分散。然而，几年后，同样的方法就不太可能奏效，因为四岁孩子的注意力持续时间更长，并且对如何遵守规则有着更清晰的理解；三岁及以上的孩子，大多能够将他们的行为与导致的后果联系起来，但在这之前就不行；激发想象力是一种育儿技巧，尤其对四岁后喜欢角色扮演游戏的孩子非常奏效，而一岁的孩子只会感到困惑。

在本书中，你会发现某些技巧通常只对特定年龄段的儿童有效，因为这些技巧刚好适合他们当前的能力发展情况。

# 选择适合你的方法

　　如果让我诚实地描述我管教孩子的方法，可以概括为三个词：耐心、同情心和傻乎乎。作为一个情绪易激动的乐观主义者，我经常和我的孩子一起在早晨唱一首熟悉而欢快的歌，接着是挠痒痒引起的咯咯笑声，然后我会温柔地提醒他们今天即将进行的活动。

　　如果某个孩子开始发脾气，我通常会先观察并等待，看看他是否能在我干预之前就自行改变行为。我很擅长表达我的同理心，然而，我确实不太会管理日常生活和作息时间表。我自发的、冲动的个性会让我与孩子在规律的需求上发生冲突。我个人的习惯可能倾向于用开玩笑或者有点傻乎乎的方式来管教孩子，但我也强烈认同其他家长的方式，有些家长更愿意使用温和或积极的方式来管教孩子。

　　现在轮到你制订自己的规则和方法了。你的个性和人生观将极大地影响你与孩子的沟通方式。你是喜欢安静还是热闹？你喜欢温柔还是天生就比较强硬？你对挫折的容忍度是多少？你通常认为装半杯水的杯子是半满的还是半空的？你孩子的气质和年龄也会决定什么是最有效的管教策略。最后，想一下你认为的最重要的长期目标——帮助孩子学习和成长。结合这些个人偏好和本书中的各种技巧，你将在育儿的道路上创造一套属于自己的人生哲学。

# 如何使用本书

本书是作为实用指南而设计的。为了帮助家长了解和管理幼儿的行为，我以四年为时间段来介绍有关育儿的信息。

本书后四个章节都包含以下内容：

· 孩子的身体、认知和社交情感发展的概述。

· 有效且适龄的管教技巧。

· 常见的行为问题以及解决这些问题的建议。

在本书中，你会发现有一些"小贴士"，帮助你应对棘手的情况，提醒你如何更好地与孩子沟通。书中还有一些有过类似经历的家长的建议。

请记住，儿童发展不是一个线性的过程。你的孩子可能比另一个同龄孩子更早或更晚完成既定目标。本书的建议是针对每个年龄普适性的概括。

　　书中建议的管教技巧建立在年龄的基础上。如果你逐渐学会如何使用管教技巧，孩子的整个成长过程中都将有充足的资源供你挑选。这种灵活性可以让你根据孩子的需求来制定自己的纪律准则。

　　受性格和其他环境因素的影响，孩子的具体行为可能会差异很大。一些话题，如入睡困难或发脾气，可能会同时出现在不同的章节中，并提供针对各个年龄的建议。例如，某个孩子两岁之前可能没有乱发脾气的问题，而另一个孩子在一岁时可能就经常发脾气，到三岁时反而不会发脾气了。当一个年龄没有涉及某个话题时，你完全可以跳到前一章或后一章来寻找答案。

# 自我提问

　　找到孩子挑战性行为背后的根源，并决定如何处理它，就需要做到客观，而家长永远缺乏这种客观。如果你有一个朋友或愿意倾听的伴侣，这是一个获得清晰思路的好方法。如果没有，你可以自问自答以下三个问题：

## 1. 我能让孩子继续现在的行为吗？

　　只有你能决定这个问题的答案是"是"还是"否"。但是在采取任何措施之前，你都需要知道自己为何选择继续这种行为，或者为什么必须阻止这种行为。如果你没有作好充分的准备并愿意坚持到底，就先不要急着处理这些行为。我们在孩子身上看到的许多具有挑战性的行为都受到特定发展阶段的影响，或只是孩子性格的一种表现。如果所讨论的行为对于孩子的年龄来说是合理的，并且没有对任何人或任何事物造成实质上的伤害，请允许这种行为的存在，或者稍做改变，让这一行为变得可以容忍。

### 2. 我是否允许孩子独立并为他提供了安全保障？

成年人和儿童之间之所以发生冲突，是因为孩子们渴望以他周围的成年人为榜样获得新技能的自然意愿与成年人的监督和保护责任相矛盾。成年人的监督和保护的确可以确保孩子在探索过程中的安全，但有效的育儿方法从来都不是规范性的，而是像科学一样，在找到解决方案之前，你必须观察、实验、分析，并在必要时对方案做出调整。

### 3. 我是否在建立一种基于信任和尊重的关系？

仔细看看你是如何回应孩子的行为的。你是否致力于培养两人之间的良好关系？轻视、威胁、操纵、欺骗、胁迫或讽刺的策略可能会获得孩子的服从，但不会获得孩子的配合。信任是赢得的，而不是索取的。

作为家长，我们的目标是为孩子的成长提供切实的、温和的指引，并且有着明确的界限。回答这三个问题会让我们更接近这个理想目标。

# 家长来信：个性差异最令人着迷

　　我三岁的儿子很敏感。尽管渴望与我们亲密，但他需要时间来适应新的环境，以及与他人的交流。他体贴、独立、聪明，是个与众不同的思想家。我确实需要对他感同身受，给他足够的空间和时间去适应一个新的环境或一位新的朋友。大家都说他害羞，但他只是很谨慎。他也很容易受挫。他需要别人对他保持友好，而不是忽视他。

　　我从一开始就知道我的第二个孩子与儿子相反。我的小女儿很随和，她能处理很多我儿子小时候做不到的事情，比如错过或推迟的午睡。而且她更独立。对于我的两个孩子，我都努力遵循平和温柔的养育方式。

[凯特，32 岁，来自美国印第安纳州皇冠角，有两个孩子（三岁和十个月）]

第 2 章

CHAPTER 2

一岁的孩子

咯咯笑着、摇摇晃晃的一岁孩子快乐地生活在当下。他的注意力很容易分散，并且需要锻炼运动技能。他也许看起来还只是个婴儿，而不是蹒跚学步的幼儿。

然而，大约在一岁半的时候，新的身体发育和认知能力出现了，这会给他带来不同的经历和挫折。你的主要工作是在他试探自己的独立性时，保护他的安全。

# 一岁孩子的特点

　　无论你的孩子活泼开朗还是沉默寡言，所有一岁的孩子都喜欢寻求刺激。他们完全不可预测的行为可能会让你开怀大笑。孩子会突然把玩具、食物扔到地上，或者翻垃圾桶。尽管孩子有时会做出奇怪的不合理行为，但这是由他的运动、感官、语言和社交情感发展需求决定的。

## 有什么新进展吗

　　从第一次开口说话到第一次发脾气，这一年充满了兴奋与挑战。孩子会迅速成长，并寻求更多的自由。如果总结一下这个年龄的孩子具有的重要特征，那就是孩子具备了完成大运动技能的驱动力。

　　随着他迈出第一步，孩子对世界的整个看法都会改变。学会直立行走是一项巨大且极具激励性的成就。在刚满一岁的时候，有些孩子已经可以走路了。但如果你的孩子还在满地乱爬，你需要更多的耐心。

孩子在十八个月大的时候才开始走路也属正常现象。一旦他掌握了这项技能，他将花一年的时间来习惯和改进。他的下一项任务是尽快锻炼出更强大的肌肉，学会跑步、扭动、转弯和攀爬。这也是为什么一岁的孩子喜欢举起或者拖拽重物，把物品从一个地方带到另一个地方。一岁的孩子特别关注运动的感觉。

一岁孩子的认知能力主要是冲动的和下意识的。他的感官与周围环境高度协调，不过由于前额叶皮层大部分还未发育成熟，他还不具备预见性或逻辑性。无论是在家里还是在户外，好奇心是驱使他四处乱爬的最大动力。他会用手和嘴巴简单地认识每一个物体，然后立刻失去兴趣，马上进行下一场刺激的邂逅。在对这个世界有了更透彻的了解之后，他才会长时间地专注于某项活动。

在这一年里，他会指着所有他觉得有趣的东西，并用手势提示你说出物体的名字，给出细节，并解释正在发生的事情。因为家长的词汇更加丰富，这个时期的对话主要是单方面的，孩子听的比说的多。到了十八个月，大多数孩子至少能说十五个单词。不管你的孩子今年学会了多少词，你都会发现，孩子能在与你的互动中理解你，当你提到去他喜欢去的地方，比如奶奶家，或者你成功带回他想要的东西，孩子都会兴奋地回应。临近两岁的时候，大多数孩子都能听懂"去你的房间把你的袜子拿来"这样的两步命令了。

毫无疑问，孩子在一岁的时候会不断地使用"不"这个词，尤其是十八个月大的孩子，这个词已经成了他们的习惯用语。不过请放心，孩子不是想让你失望，他只是在展示他对独立的渴望。这是一个值得庆祝的里程碑，也是一个迹象，表明他已经准备好尝试一些在你帮助下能完成的事情。

## 能力和局限性

了解孩子在这个年龄的一般能力和局限，将有助于你在试图理解孩子行为时保持耐心。

**生活在此时此刻**　孩子会敏锐地感受当下，包括他身边的所有物体、人和运动。这种与生俱来的直觉让许多成年人觉得钦佩但又难以捉摸，因为成年人对未来的思考和对过去的反思干扰了此时此刻的享受。对于一个年幼的孩子来说，能够如此纯粹地专注于当下的学习，这是多么大的天赋啊！作为父母，我们也可以利用这个特点，比如可以通过改变场景或者快速拿走不安全的物品，轻松地让孩子停止发脾气。不过这也是一把双刃剑，例如，让孩子知道明天还可以继续来公园玩是没有任何安慰效果的，因为对他来说，"明天"的概念还未形成。

**非语言交流**　挥手再见是一岁孩子所能做的手势之一。尽管这个年龄的孩子还不能很好地通过语言表达，但他能通过肢体语言和面部表情进行有效的交流。孩子也很善于观察你的情绪，然后根据你的情绪做出反应，或直接无视。虽然他可能理解你对某种情况的感受，但他还不具备推理能力。例如，他知道当他咬你的手臂时，你的反应是愤怒或悲伤，但他很困惑这是为什么。

**明白简单的界限**　当你说"不"时，他肯定明白你的意思。只是比起取悦你，他宣布自己独立的愿望和需求更强烈。在这个年龄，你的孩子将继续试探你的边界，直到他找到一个更满意的且可以满足他需求的关系。这个时候，家长最好确保只在最需要的时刻指出自己的底线，并且尽可能给孩子提供更多的选择。

**关联因果** 在下雨时出门会发生什么？皮肤会变得又湿又滑，还可以踩水坑！这些新发现会给孩子带来许多快乐，并且帮助他学会更准确地预测下一次重复动作时会发生什么。虽然这些认识是有帮助的，但他仍然缺乏举一反三以及在更广泛的场景中应用知识的能力。换句话说，知道外面的一个水坑会溅起大水花，并不会影响他做出在自己的浴缸里玩出更大水花的决定。他会同样着迷，并且希望重复体验。

**坚持独立** 你的孩子拥有了一种新的独立精神和自我意识，并会利用一切机会提醒你——他现在有自己的想法。事实上，一岁的孩子经常会故意唱反调。你知道独立对他而言是如此重要，所以当他表现出完全相反的情况时，你可能会感到惊讶。比如，孩子可能在新环境中极其黏人，或者在分开时表现得很焦虑。在这个年龄，你的孩子可能会强烈地反抗你的限制和规定，但他仍然非常想和你在一起。

## 沟通

有些一岁的孩子天生就比其他孩子更爱说话，虽然你的孩子有一点喋喋不休，但离真正的语言表达能力还尚有一段距离。不过，这个年龄的孩子已经有了相当高的语言接受能力。他能听懂最简单的语言，并且已经掌握了相当多的词汇。然而，他仍然无法告诉你他的想法和感受，这会让孩子非常沮丧。他会清楚地知道他想要什么，如果你让他明白你的意思，他就很容易平静下来。如果你满足他需求的行动不够迅速，他很可能会采取他唯一有效的方法——哭。

幸运的是，你和孩子的说话方式会对亲子关系产生非常积极的影响。你不可能完美地满足他所有的需求，但孩子发脾气的次数会显著减少。如果你们可以有效沟通，生活会充满快乐。

当和刚学走路的孩子说话时，请你弯下腰，看着他的眼睛，停止其他身体动作，除非是使用手语或其他与词汇相关的手势，这种方法能有效吸引孩子的注意力。当他看到你的嘴唇在动，并可以从视觉上评估你的面部表情时，他更容易认真倾听并且理解你说的话。请你用简单的短语给出指示或信息，并且清晰、缓慢地说出来。有时候，即使只是说一个词，也能帮助他专注于你让他做的事。最后，猜一猜他的感受是什么，他想要的是什么。使用这些技巧，你就是在表达对他的尊重。如果他知道你在积极地帮助他，他就更有可能做出积极回应。

> **小贴士** 同孩子说话时，请避免使用婴儿的语言。也许他说错话的方式很可爱，但同时他也在用耳朵聆听正确的表达方式。请使用正确的词语和清晰的句子来表达对孩子的尊重。

# 适合一岁孩子的管教策略

一岁孩子的行为在很大程度上是由生理和情感需求驱动的，家长的工作就是引导孩子进行适合这个年龄的活动，同时建立和强化清晰的界限和规则。这个年龄的孩子不应该仅仅因为你这么说就去遵守，请尝试去理解孩子当前的能力，以此来调整自己的预期目标。记住，当前所有的行为都有一个潜在的目的：帮助孩子成为一个更加成熟的人。

## 适合孩子生活的空间

注意观察孩子的周围环境，在不恰当的行为发生之前，主动制止。首先从孩子游戏时间最多的房间开始，对于许多家庭来说，这可能是客厅、儿童游戏室、卧室、厨房。寻找任何可能存在的安全隐患。比如，是否有电源插座或者电线？置物架或梳妆台等家具是否安全地固定在墙上？地板上是否存在易导致窒息的物品？在孩子可能爬到或者够到的地方有没有易碎品？蹲下来或者趴在地上，这样你就能从孩子的角度观察，以此消除安全隐患。

接下来，考虑一下空间的整体感觉。是安静、舒适，还是喧闹、刺激？电视经常打开吗？是否有足够的空间让孩子活动？每个玩具都有明确的收纳位置吗？（现实是许多家长购置了太多玩具，因此很难把所有玩具都收纳整齐。）

最后，考虑孩子的玩具和衣服是否方便拿取。他能顺利拿到自己需要的东西吗？追求完美是不现实的，但这些环境因素的确影响孩子的情绪和活动。即使是对游戏空间的微小调整，也有助于避免孩子的行为问题。

**小贴士**　一个游戏空间里的玩具不要超过八个，保持玩具收纳的可管理性。试着把它们放在低架子上的篮子或盒子里，而不是放在一个大的玩具箱里。

## 规律日常作息

家长日常活动的变化也会影响孩子的行为，可以让许多过渡变得更容易。首先想象你和孩子"完美"的一天是什么样的。理想的起床时间是什么时候？早餐在什么时间吃？接下来会发生什么？现在，把这"完美"的一天和现在的作息时间表对比一下。当你离开家去上班的时候，是否有一个孩子熟悉的告别流程？临睡前，你会唱一首特别的摇篮曲吗？

当评估你当前的日常生活，并将其与理想状态进行对比时，要考虑你的时间框架是否合理，是否留给孩子足够的过渡适应期。既要限制孩子的选择，也要保持沟通，这样孩子才能理解家长的预期和接下来会发生的事情。比如，可以告诉孩子"等你吃完零食，我们就出去玩"。

## 确定原因，满足需要

在这一年里，你要做一些类似侦探的工作。一个一岁孩子的所有行为几乎都可以追溯到身体或情感上的需要，但想究其根本原因可能并不容易。例如，一个在操场上绊倒的孩子可能会因为摔跤受伤而哭泣，也可能是因为他已经累了，需要休息。

情绪爆发的常见原因包括身体不适，比如饥饿、疲劳、太热或太冷，也可能是因为过度刺激和其他情绪，比如在新环境中感到不安或在过渡期感到不适。当你了解孩子的容忍度和个性后，你就能更准确地发现潜在的问题。有时候，只需给哭闹的孩子一点零食或一个拥抱，就可以让他平复下来。

## 设定边界

当孩子意识到他可以影响周围的环境时，他就会开始学习如何尊重自己、尊重他人、尊重环境。在一岁的时候，你的孩子还在天真地探索各种因果关系。他还不知道拉猫尾巴或咬你的胳膊会让对方感到疼痛；他不明白为什么把玩具扔到窗户上会打碎玻璃；他跑到街上是因为喜欢跑步和探险的感觉。因此，在这个年龄，由你来为他设定界限是非常重要的，由于孩子还无法理解社会行为的复杂性，你为他设定的限制必须简单、明确且注重安全。

## 分散和转移注意力

现在，孩子完全明白了"客体永存"的概念：一个被藏起来的物体虽然从视线中消失了，但并没有真正消失。尽管如此，在这一年里，孩子还是会继续享受躲猫猫和寻找心爱玩具的游戏。与年龄较大的孩子相比，这个年龄的孩子很容易分心，注意力持续时间短。当他正在进行不安全或其他不可接受的行为时，你可以利用孩子的这一特点进行管教。如果使用得当，分散和转移注意力是一种尊重孩子的管教方式。

以平静和关怀的语气，简要指出当前活动或行为存在的问题。给孩子一点时间，让他明白自己的行为是不对的。他可能会哭，推开你，不理你，或者发脾气。请允许他用自己的情绪来回应当前的情况，并且接受他表达自己情感的需要，但不要让闹情绪占用太多时间，也不要反复阐述你的观点。相反，家长要立即提出一个解决方案。为上一个活动寻找一个易接受的形式，或者提出一个完全不同的新活动。这个年龄的孩子对你的肢体行为的反应，往往比对你的言语反应更大，所以不要害怕把孩子带到另一个房间，彻底改变环境。

以下是孩子的常见行为，对于这些行为，分散和转移注意力策略很可能会起到作用。

**扔硬塑料玩具** 这种行为可能会伤害他人或损坏家具，因此是不可接受的行为。你可以告诉孩子"这个玩具不能扔，我现在要把它放回架子上。看看我发现了什么！这种软球可以扔，你想试试这个吗"，同时把软球放到孩子的手中。

**翻垃圾桶** 垃圾桶不卫生，而且存在安全隐患，因此也不建议孩子继续这种行为。家长可以这样说："垃圾桶是用来装垃圾的，我们的手要放在垃圾桶外面。我想知道你的手会怎么做。我突然有个好主意，要不我们看看这个篮子里的玩具？"

**哭着要另一块饼干** 不，他不能想要多少饼干就拿到多少。设定一个上限，并给出不同食物或者不同活动的建议。例如，你可以说："你已经吃了饼干。我刚看见一只鸟在外面跳来跳去地喳喳叫呢。我喜欢鸟，你想和我一起看看那只鸟吗？"

# 一岁孩子的常见问题

如同打嗝是正常的生理行为，一岁孩子的很多行为问题，也是正常的生理行为。与打嗝所不同的是，你可以用很多有效的方法来处理这些问题。

## 发脾气

所有人都会情绪爆发。随着年龄的增长，我们可以找到将消极的情绪转化为积极能量的方法，避免我们沮丧、悲伤或愤怒。但是一岁的孩子还不具备这种能力。这是一项生活技能，需要时间、经验和他人的温柔引导。

在本书的语境中，"发脾气"只是一种激烈情绪的爆发式表达。你的孩子足够信任你，才在你面前表达他的真实感受，而不是憋在心里。你的工作是帮助他学会更好地管理情绪。你也可以用同理心和温柔的安慰，与他建立情感上的联系，强化你们的关系。帮助孩子克服暴躁脾气，其实也是在送给他一份礼物。

## 发脾气是由什么原因引起的

婴儿天生就有哭泣的本能，这样他们的生理需求才能得到满足。婴儿用哭泣的方式告诉家长他们饿了、累了、尿了或者需要一个拥抱。当你的孩子从婴儿期进入蹒跚学步阶段，他会学习到许多语言和社交技能来表达他当下的需求，传达他的情绪、喜好和愿望。

然而，当事情不顺心时，他还缺乏有效沟通的能力。这个年龄常见发脾气的原因，包括饥饿、睡眠不足、感觉过度刺激、渴望更多的独立，或者规律生活被打乱。一岁的孩子几乎没有耐心等着你找出他痛苦的原因。

他的挫败感可能表现为焦虑、悲伤甚至愤怒。他可能会躺在地板上哭闹、打滚，或者挥舞着双臂尖叫。尤其是孩子上一秒还在开心地玩耍，转眼就在发脾气，这种突然的变化可能会让你感到尴尬或担忧。但是家长应该了解，这是一岁孩子的正常行为，他不是在试图操纵你或试探你。如果你保持冷静和耐心，你就可以帮助到他。

## 防止发脾气

只要你做足准备，加上一些帮助你思考的技巧，再加上一点运气，就可能避免孩子发脾气。

第一步可以从日常活动开始。这一年龄的孩子喜欢可预测性的活动，他们经常会因为生活被打乱或缺少某些物品而发脾气。一致的常规活动和整齐的环境，可以让孩子在身体和情感上感到安全。

下一步是养成习惯。定期停下来观察、评估孩子的日常行为和情绪状态。他是否睡眠充足？他在广场上待了大约一个小时后会感到饥饿吗？他更喜欢在家里吃零食？在等待的时候，他喜欢什么，语言游戏、歌曲、玩具还是读书？可能只是简单地在包里装上零食、玩具，或帮助孩子找到他的鞋子，就能避免孩子发脾气。

大多数一岁大的孩子发脾气是因为缺乏沟通的能力，他们无法告诉家长出了什么问题。这时如果家长能很快发现问题，并且提供一个解决方案，就能很好地防止孩子发脾气。此外，如果有意外情况发生，或者家长突然需要改变孩子的作息时间，一定要花时间告诉孩子接下来会发生什么，孩子也许会表现得更加冷静。

## 停止发脾气

现实生活总是充满了变数和不可预见性，我们必须有合理的界限，不能总是满足孩子的需求或欲望。即使家长用尽全力，孩子也会偶尔感到沮丧或不安。如果孩子发脾气是你强加的界限造成的，那么不要试图向你一岁的孩子解释。在这个年龄，他还不能理解逻辑，解释只会让事情变得更复杂。你可能无法完全阻止孩子发脾气，但是可以通过同理心和其他沟通方式来处理这些情绪表达，降低他们发脾气的频率和程度。你所需要的只是一个计划。

**保持平静**　处理任何问题的第一步都是控制自己的情绪。记住你是成年人，如果你感到愤怒或不安，停下来深呼吸，平复自己的情绪。此时此刻，你的孩子无法控制自己的情绪，一切事情只能由你掌控。不过在能够提供支持和指导之前，你首先需要冷静下来。

**同理心** 你能想象孩子现在的心情吗？他的肢体语言在传达什么？用简单明了的语言告诉孩子，你理解他的感受。如果你能确定他需要什么，并且满足他，孩子就会停止发脾气，甚至会感激你。但是，如果他正在发脾气，他可能什么都听不进去。

**安慰和开导** 身体上的安慰可以让许多一岁的孩子平静下来。试着把他放在膝盖上，轻轻地抚摸他的后背，或者拥抱他。母乳喂养的孩子可能会发现，哺乳是一种自我安慰的自然技巧。给孩子唱摇篮曲或低声说出类似"我非常爱你"的安慰话，也能创造奇迹。然而，有些孩子不喜欢在情绪爆发时被触碰。当孩子拒绝你所做的努力时，不要生气，请待在他的附近。

**等待** 要有耐心，让他有时间释放这些情绪。如果是在公共场所，家长可以把孩子带到一个相对隐蔽的地方让他发泄，但重要的是不要急于强迫孩子冷静，相信这种情绪的波动会自然平息下来。

> **使用语言：** 每个人都需要被理解。当孩子发脾气的时候，试着理解孩子，并且用一个简单的短语来表达你的想法，比如"你感到……（说出情绪）是因为……（陈述原因）"。举例来说，"你感到愤怒是因为你真的想玩那盏灯"。

## 发脾气之后

当这些激烈的情绪平复后，就该重新沟通，让生活继续了。恢复的过程如何进行，取决于地点、时间，以及孩子的个性。在短暂的发脾气之后，用"分散和转移注意力"的方法可以取得很好的效果。例如，如果孩子在商店发脾气，下一步自然是继续购物；如果在家里或在室内，可以带孩子到户外换换环境。

然而，你的孩子可能还没有准备好继续日常的生活。一场漫长而艰难的发脾气会让人筋疲力尽。缓慢地回归正常状态，可以让家长和孩子双方都能有时间处理自己的情绪，重新获得平静。当你哼着曲子、读着故事，或摆弄玩具时，孩子可能想坐在你的腿上拥抱你。这种发脾气后的特殊亲密时刻，也许正是一个坦诚和表达情感的机会。重新告诉他，你有多爱他，讲述这次的经验教训，甚至在你觉得必要时道歉。当觉得时机成熟时，你可以提出建议，继续这一天的生活。

请记住，要想减少孩子发脾气的时间和次数，就要在孩子每次发脾气时花额外的时间来治愈所有的情感创伤，并且用爱和孩子建立联系。

## 睡眠

良好的睡眠可以改善我们的情绪，但是家长和孩子有时很难睡个好觉。一岁的孩子平均每天需要 13 ～ 14 个小时的睡眠时间（包括白天小睡和夜间休息的时间），但有太多因素会干扰孩子的睡眠，这些因素是家长无法控制的，比如生长发育、疾病以及发育的阶段性问题。

好在我们可以预见到这些困难并解决潜在的问题。睡眠不足会导致孩子出现许多行为问题，因此，养成健康的睡眠习惯应该成为所有家庭的首要任务。

## 为什么睡眠很重要

如果在广场待上足够的时间，你很可能会看到这样的场景：一个家长正站在他那爱挑剔的孩子身边，一边叹着气，一边抱怨"一定是午睡时间不够"或者"昨天晚上又没睡好"。家长经常把孩子的睡眠与行为之间建立联系。睡眠不足的孩子可能会表现出易怒、攻击性强，或是有多动倾向，尽管这些行为看起来与睡眠不足导致的行为相反。如果孩子的睡眠严重不足，就会影响孩子的注意力，扰乱他生长发育的自然进程。一个快乐、休息好的孩子比一个昏昏欲睡、脾气暴躁的孩子更具精力和动力去练习新技能。

发脾气是学步孩子的常见现象，但如果你的孩子看起来比平时更暴躁易怒，原因可能是过度疲劳。解决方案就是重新计算孩子的睡眠时间是否满足了他的需求。有必要的话，可以调整孩子的作息时间。

## 睡前挣扎

你是否曾参加过一个有趣的聚会，却比其他人更早离开？即使知道第二天一早要去上班，你也会后悔自己错过了很多乐趣。睡前你可能会兴奋到无法入眠。这种情况也会发生在孩子身上。如果你刚把孩子安顿下来准备睡觉，他却开始疯狂地奔跑，叽叽喳喳地说话，甚至大声地哭，他可能正在经历"错过的恐惧"。

在刚有独立意识时，孩子可能会觉得这是一项值得为之奋斗的事情。作为有责任心的成年人，你几乎掌控着他所有的生活。从他出生起，你就一直控制着他所能玩或不能玩的东西。而实际的身体功能，如睡觉、吃饭和如厕，都是孩子能控制的事情，所以针对就寝时间的挣扎在这个年龄的孩子中很常见。虽然家长不能强迫他入睡，但可以为孩子创造一个舒适的睡眠环境，让他养成规律的作息，最好比反抗你显得更有趣一点。

注意就寝时间，别错过孩子昏昏欲睡的时刻。在孩子午睡或就寝前，让他做一些放松活动，避免过度劳累。允许孩子做出选择，以满足他对独立性的渴望。比如，让他试着自己洗脸、刷牙，或者让他挑选要读的故事。你可以随意尝试各种各样的日常活动，但是在选择了其中一个之后，要保持高度的一致性。母乳喂养的家长可能会选择让他们的孩子边吃奶边入睡。只要家长一直保持下去，这个习惯是没有任何问题的。任何偏离常规的行为都会招致孩子的反抗，所以家长要明确孩子的日常生活。最后，确保他的睡眠环境是黑暗的，并且没有任何刺激性的事物。

在这个年龄，夜醒也是一个普遍的问题。就像在婴儿期一样，他可能会因为饿了、尿了而在晚上突然醒来，家长常常需要帮助他恢复平静才能入睡。对于精疲力竭的家长来说，一个很难接受的事实是："睡整宿觉"并不意味着你的孩子会直接上床睡觉并一觉睡到早上。睡眠具有周期性，在每一个睡眠周期中，孩子都会经历一个短暂的清醒阶段。这个时候，孩子可能会在半夜里大叫。如果他不是完全清醒，而只是短暂地偏离睡眠周期，那可能会马上再次入睡。你可以用舒适的物品，如一张特殊的毯子或一个小毛绒玩具，帮助孩子再次入睡。如果孩子真的进入了完全清醒的状态并且开始大哭，那就去照顾他吧。

保持房间的黑暗，抚摸他的背部、喂奶、摇晃，或做任何你觉得自然的事情来为孩子提供安全感。当然，家长也可以设定一些界限，如果你的孩子经常半夜醒来吃奶，而你准备让他戒掉这个习惯，可以考虑在睡前给他喂奶或喂食，并告诉他，只有到了第二天早上他才可以再次吃奶或进食。这可能是养育子女过程中的困难阶段之一，但是如果家长在处理孩子睡觉问题时，能始终富有同理心并且方法一致，孩子就会知道他在晚上是安全的。

## 独自入睡

如果你喜欢和你一岁的孩子睡在同一张床上，而且家长和孩子都觉得休息得很好，那就没有必要改变现在的作息习惯。不过，并非每个人都喜欢这种安排。如果家长决定让孩子从和家长一起入睡过渡到独自入睡，可以采取一些步骤，减少过渡阶段产生的痛苦。

**选择合适的床** 婴儿床可能更合适，尤其是当你的孩子快十二个月大的时候。你也可以直接在地板上放一张床垫，或者使用一个安装了围栏的矮婴儿床。大多数孩子会在十八个月到三岁的时候过渡到"大孩子"的床上。

**安全检查** 一岁的孩子都是探险家，即使在晚上，你也需要确保房间和所有其他可进入的区域都做好了安全防护措施。将所有家具固定在墙上，考虑安装婴儿门，防止孩子在夜间探索不安全的区域。

**做决定** 想想你将如何实现这一转变。你会突然改变主意吗？你会逐步推进吗？家长可以暂时把孩子的小床放在你的床边，或者在前几个星期里和孩子一起睡在他的小床上。考虑让孩子睡在舒适的物品或者毯子中间。有些家庭会在卧室里准备一些玩具，这样孩子就可以在睡前放松时玩一会儿。

**富有同情心**　记住，建立一个新的生活习惯对孩子而言可能有很大的压力。孩子可能需要几个月的时间来完成这个过渡。你的孩子可能会通过放声大哭表达他的不适，但最终他将学会如何独自入睡。

**坚持到底**　要有同理心和耐心，但不要因为这件事有困难而时不时地让步。家长的让步会使整个过程变得漫长，双方会更痛苦。

# 进食

孩子出生后的第一年，体重会达到出生时的三倍，为了获取足够的能量来完成这一生理发育，他必须每隔几个小时就进食一次。学步期的孩子长得要慢一些，他们不需要像以前那样频繁地进食。此外，孩子自己可以控制进食时间，他知道什么时候需要吃饭。孩子将尝试独立，自己选择吃什么、吃多少。家长和孩子很容易在用餐的时间上产生争执。若想结束争执，家长可以在有限的范围内给孩子一定的自由。

## 解决挑食

使用威胁、哄骗、谈判手段或引诱孩子吃饭，将会产生反效果。当感到被逼迫或毫无选择时，孩子会更加不顺从。如果你的孩子很挑食，最有效的方法是把自己的期待值降到现实的程度，并且采取更加宽松的方法。试试用以下策略来解决吃饭时的冲突。

**鼓励独立**　让孩子帮忙准备食物。在你做饭的时候，即使是年幼的孩子也会沉浸在做饭的感官体验中。孩子虽然还不会切菜，但他可以用手把食物从一个碗中移到另一个碗中。让他帮忙将粗切的蔬菜放进碗里，或者用他的小手揉面团。大一点的孩子可以做一些更复杂的事。比如，给他一把没有开刃的小刀切香蕉或熟红薯等软的食物。如果可以，让他给自己的盘子里盛上一份食物。确保他能碰到他吃饭时需要的所有餐具，包括盘子、碗、杯子和叉子等。给孩子一个不易摔碎的小水壶和水杯，让他自己倒水喝。告诉他用餐完毕后把空盘子放在哪里，以及如何清理散落的食物。在整个用餐过程中为他提供独立的机会，这样他就会觉得不需要为食物本身而争吵了。

**提供多种食物**　不要迎合孩子对特定食物的喜好，提供给他多样化的健康食物。当盘子里盛放的是少量的不同食物而非单一食物时，孩子可能会吃得更多。如果孩子一直拒绝某种食物，家长不要停止提供这种食物，继续让他吃，但不强迫。有时候，孩子在喜欢上一种食物之前，需要多次的观察或品尝。

**建立健康的饮食结构**　和孩子一起吃饭时，你可以做出你想从孩子身上看到的行为。抽出时间坐下来，让你的孩子看着你给自己端上食物和饮料。表现出应有的用餐礼仪，比如交谈、使用餐巾纸或在吃东西时擦掉掉落的食物。谈谈你选择的食物以及你为什么喜欢它们，热情地描述食物的口感和味道。吃完后，你甚至可以故意在盘子里留下一点食物，说你已经吃饱了，剩下的食物会留到以后再吃——这样做可以告诉孩子，食物的摄入量应该由饥饿程度决定，而不是由所供应的食物量决定。

**保持健康**

你的孩子今天对某种食物或食材很挑剔，并不意味着他明天也会有同样的感觉。让孩子明白每个人都有自己的喜好，今天吃什么食物由自己决定。使用积极的语言，并确保你鼓励他的自主决策，而不是试图操纵他吃特定的食物。

当孩子拒绝吃蔬菜时，你没必要把它们偷偷放进食物里。一旦被孩子发现，他可能不再相信你提供给他的食物。有很多方法可以帮你做出更健康的食物，比如在冰沙中加入菠菜，或者在孩子最喜欢的食谱中加入额外的蔬菜。不要偷偷摸摸，让孩子参与这些健康食物的准备和制作。

**小贴士**　你会发现，一岁大的孩子最喜欢探索因果关系，他们经常在吃饭的时候乱扔食物或是摆弄食物。限制孩子盘子里的食物量会解决这个问题，孩子产生这种行为可能是因为他已经吃饱了，准备好开始玩了。当这种情况发生时，询问他是否吃饱了，然后迅速进入下一项活动。分散和转移注意力的策略在这里很有效，你可以给他一些更适合投掷的物品，让他在远离用餐区域的地方练习如何扔东西。

作为家庭健康饮食计划的一部分，限制摄入或剔除营养价值低的食物是很重要的，比如果汁、糖果或垃圾食品。提前定好什么时候可以吃糖以及吃多少糖。永远不要把糖果当作对良好行为的奖励。相反，对待它们就像对待其他食物一样。

让未经加工的完整食物成为孩子的主要饮食，并从总体上减轻饮食的外部压力，你将为孩子终身的健康饮食习惯奠定基础。

# 身体攻击

即使家长做出榜样，只采取和蔼温柔的互动方式，孩子也可能会经历一段身体攻击期，这是家长需要解决的难题。总有一天，他将能够使用自己的语言表达，并学会恰当的社交活动，但现在他的语言沟通能力有限。记住，在这个年龄，孩子仍然是无辜的，不管他做出了什么行为。

## 为什么孩子会伤害别人

事实上，孩子在这一阶段的发展就是在测试界限、探索感觉，他们经常试图以成年人认为消极或不良的行为吸引你的注意力，比如用他的身体进行攻击。一个一岁的孩子不会故意伤害他人。不管是拽着宠物的尾巴、拍打你的脸、推另一个孩子，还是咬你的胳膊，这些看似伤害他人的行为，都是有原因的。

理解孩子的需求是解决办法之一。他咬人可能是因为他长牙时牙龈疼痛，或是他饿了……如果是这些原因，你可以通过提供零食或其他可以安全咀嚼的东西来解决这些问题。如果咬人是他遇到了挫折，那就需要更微妙的解决办法了。这需要家长的全神贯注和有效沟通，记住要俯下身子，看着孩子的眼睛，不带任何评判地、平心静气地说话。

## 停止伤害行为

当孩子有伤害他人的行为时，家长首先要注意的是不过度反应。你表现出的恐惧、挫败或愤怒，其实是在向孩子传达争吵的邀请信号。如果你感到不安，请深呼吸，坚定你的表情。你的脸上需要写满平静和关心，你的声音需要传达自信和权威。

下一步，干预并制止孩子带有攻击性的行为。一岁的孩子通常不会遵循口头指令，家长需要使用自己的肢体语言。有时候这很容易就能做到，比如，在孩子拉拽宠物的尾巴时，你可以用自己的身体分开孩子和宠物，然后说"它会觉得疼的"，并向孩子展示应该如何温柔地抚摸。对这个年龄的孩子而言，温柔地展示正确行为通常是最有效的方法。你很容易就能看到孩子开心而骄傲地轻轻抚摸着宠物。

然而，一岁的孩子有时候很倔强。如果孩子无视家长的演示动作，家长就需要更坚定的干预，继续阻止孩子的行为，坚定地说"我不会让你伤害它"或"它不喜欢这样"，然后把宠物从孩子身边抱走，或者把孩子抱走。如果你选择让孩子离开，就请和他一起。家长还需要意识到，强制执行这种限制行为可能会让孩子感到沮丧，他可能会陷入暴躁的情绪（关于如何处理发脾气，见 p33）。不管怎样，你都要阻止孩子伤害他人。

# 解决根本问题

即使你每次都能保持冷静并以尊重孩子的方式介入，在根本问题未得到解决之前，孩子的攻击行为仍可能会发生。你可能需要一次又一次地干预孩子的行为，因为在这个年龄，一次提醒往往不足以改变他们的行为。想想所有可能的原因，并积极引导你的孩子采取更恰当的行为。下面我将以拉拽猫咪尾巴事件为例，讲讲应当如何干预孩子的行为。这种方法也适用于咬人、掐人、打人、踢人、抓挠或其他任何攻击行为。

**因果关系** 上一次他拉猫咪的尾巴时，产生了一个有趣的、令他兴奋的结果——猫咪开始喵喵叫。于是你的孩子知道了他会对他周围的世界产生直接影响。解决方法是为他寻找其他探索途径，例如，小猫被喂的时候也会喵喵叫，被抚摸时会发出呼噜声，让他注意这些反应。

**良好的感觉** 小猫柔软的尾巴很诱人。也许你可以把猫咪抱到大腿上，教孩子如何温柔地抚摸动物，让他有一个积极的感官体验。另外，确保你的孩子有合适的东西可以拉扯，比如玩具。

**挫败感** 猫咪一直疯狂地躲避孩子，孩子不明白为什么。

由于无法用语言表达这种沮丧，孩子试图强行支配他的宠物。让孩子知道你理解他的感受，如"猫咪要离开你了，这让你觉得很难过"。

**引起注意**　尽管孩子试图让宠物和他一起玩，但猫咪还是选择了无视，拒绝眼神交流，恼怒地甩着尾巴，这时候拉拽尾巴当然会让猫咪看着他。理解宠物不想成为孩子玩具的行为，告诉孩子："猫咪不想玩，想自己待着。但我想玩躲猫猫，你能找到我吗？"

# 不服从

你一喊"过来"，孩子就马上跑开，跑到他摇摇晃晃的小腿能带他跑去的最远处。你告诉孩子"吃西蓝花"，他看着你咧嘴一笑，同时把西蓝花扔到地板上。任何控制他的潜在努力都会因孩子的"不"或者"走开"而付之东流。他甚至可能会用相当大的力气反抗你，在意想不到的时候把头或身体向后仰，有时还伴随着尖叫声。

正是这种行为，导致许多父母认为他们有一个"特别倔强"的孩子。孩子的逆反可能会令你不安，觉得自尊心受挫。让孩子按照自己的方式做事是一种不好的教育方式吗？是时候放下这些规矩和让孩子服从的执念了吗？事实上，孩子的不服从是一个很好的迹象，表明他正在试着自己做决定，他新学会的自主性让他选择了一种更独立的生活方式。

## 保护孩子的安全

一个有效的经验是，尽可能多地对你的孩子说"是"，只有在你真的需要他为自己或他人的安全而服从命令时才使用"不"。一岁大的孩子通常都会有危险的举动。他们大脑的前额叶皮层发育还未成熟，因此无法像成年人一样理解逻辑或懂得推理。但是，对不安全行为进行限制，是你作为成年人的监护职责。

最有效的解决方式就是在危险发生前，找到它们并解决它们。为可能发生的某些情况制订一个计划，并且与日常生活习惯保持一致。例如，在穿过一条繁忙的街道之前，你可以对孩子说："我的工作就是保护你的安全。我们过马路时，你要么牵着我的手，要么坐在婴儿车里。"过马路后，要理解孩子的感受，并且感谢他的配合。一岁孩子的其他常见安全问题，也要制订好解决方案，比如从家里跑到街上，坐在汽车座椅上，抓起刀、电线等锋利或危险的物品等。尽你所能打造适合孩子生活的空间（见 p28），然后绝对遵照这些重要的安全事项执行。

## 获得孩子的配合

对于其他与安全无关的问题，你可以给孩子些许自由，这样他就可以享受独立。通过频繁使用"是"这个词，你是在告诉你的孩子，你尊重他独立做事的需求，你重视他的感受和意见。以下是一岁孩子常见的不配合情况以及解决办法。这些解决办法都是建立在对孩子独立性的尊重上的。

**换纸尿裤**　试着在孩子站立的时候换纸尿裤，而不是躺着的时候，这样可以加快换纸尿裤的速度，他可能会觉得这个新的方式赋予了他力量。让他尽可能多地参与这个过程，如果他能自己挑选纸尿裤并穿上，他可能会更高兴。用一首歌或一个特别的"换纸尿裤专用"玩具来分散他的注意力也会很有帮助。

**穿衣服**　试着在前一天晚上挑选孩子第二天穿的衣服，然后把它们放在一个特别的篮子里，这样孩子就知道在哪里可以找到这些衣服，而不是每天早上在衣橱或抽屉里翻找。把穿衣服的过程变成游戏，让孩子把篮子里的东西逐一拿给你，或者给他额外的时间让他自己穿。

**个人卫生** 在做个人卫生的时候很难得到孩子的配合。同样的，试着鼓励孩子独立。让你的孩子从镜子里看他脸上的食物残渣，给他一块毛巾让他自己擦干净。以身作则地告诉他，在外面玩耍后要洗手。为他提供一些护理用品，比如牙刷、毛巾或一面不易摔坏的镜子。

> **使用语言：** 请注意，虽然鼓励独立是获得配合的最佳途径，但有些事还是需要协助孩子完成，如洗头或擦鼻涕。作为成年人，你要保留最后的决定权。你可以平静而坚定地说："我现在要帮助你。我知道你不喜欢，但这是必须要做的。我会很快完成这件事的。"

# 如厕

孩子学习如厕不存在所谓的"完美时间"。父母给孩子使用纸尿裤的年龄很大程度上取决于文化期望。在一些家庭，孩子从出生开始就不用纸尿裤，如厕只是他们一直以来与孩子沟通的延续。我不打算在这一章讨论这个方法。相反，我们关注的是如何培养如厕的意识。

## 培养意识

不管你是否承认，一岁大的孩子已经可以开始如厕了。每次你给他换纸尿裤，他就会意识到他的身体机能与结果之间的联系：纸尿裤是潮湿的还是干燥的。这种感觉与你在他小时候养成的其他任何习惯一样让他感到安心。帮助孩子学习如何正确地使用厕所，是从家长和孩子双方的准备工作开始的。

一旦孩子学会走路，家长就可以开始帮助他了解自己的身体。虽然有些成年人觉得大便这个话题让人很不舒服，但你的孩子却不会这样想。他对待这个问题的方式与他了解周围世界的方式一样。现在是时候告诉他所有身体部位的称谓，并鼓励他在换纸尿裤的过程中积极参与或保持独立（见 p49）。他可能会想在你上厕所时和你在一起，虽然你可能会因为如厕时不能独处而感到沮丧，但这类模仿对孩子来讲是有益的。如果他表现出兴趣，也可以为他准备一个便盆，让他坐下来玩，或者玩角色扮演游戏。

说到玩耍，在这段时间里，你可能会发现你的孩子喜欢在浴室里玩耍，比如撕卫生纸、爬进浴缸里，或者把东西扔进马桶。这种恶作剧很常见。既然你想让孩子对家里的空间有积极的感觉，那就尽量不要把这当回事。可以建议孩子玩更适合的游戏，比如拖动一个拉式玩具或把软的玩具扔进桶里。

## 准备好了没有

如果你的孩子还不满十八个月，他可能会取得一些超前的进展（随后也可能退回起点），但大多数家长发现，孩子缺乏沟通能力，无法告诉你他需要小便或大便。他们也缺乏在上厕所时穿脱衣物的身体技能，这可能是学习如厕的障碍之一。

不同的孩子，发育速度不同，所以没人知道你和你的孩子会在什么时候准备好。大多数孩子在两到三岁之间会具备相应的意识、兴趣、语言能力和身体技能，有些孩子在这一年龄段前后会学会如厕。如果你觉得你的孩子已经准备好了，可以在下一章中阅读到更多关于这个主题的内容，你会了解成功所需的细节和技巧（见p80）。

## 家长来信：第一次脱下纸尿裤的时候

当然，他的意识很早就萌芽了，因为我们给他提供了参与个人卫生和探索浴室的机会。我们在他十六个月大的时候就开始了"正式"的如厕练习，我们亲身示范，投入了很多耐心，但问题是他还没准备好。有一次，他整整两天没有大便，我们就停下了如厕练习，重新让他穿上了纸尿裤。

几个月后，我感觉到他有了一个新的整体意识，以为他准备好了，就又试了一次。我们扔掉纸尿裤，让他光着屁股待了几天。令人惊讶的是，他在几周内就学会了使用厕所，简直是他自己训练了自己。

作为家长，我们不需要使用任何奖惩手段，他若是准备好了，轻而易举就能做到。我知道的是，如果我们早一点推进这个过程，整个如厕的学习会花费更长的时间，一路上也会有更多的坎坷。

［艾米，30 岁，来自美国堪萨斯州威奇托，有两个孩子（五岁和三岁）］

第 3 章
CHAPTER 3

两岁的孩子

与两岁大的孩子生活在一起可能会让人感觉像坐过山车，前一分钟他还是开开心心的，下一分钟就变成易怒的和爱挑衅的。这些情绪上的起伏是相对柔和、好处理的，还是强烈、令人筋疲力尽的，在很大程度上取决于孩子的气质。家长能否识别孩子发展阶段的特点，并耐心而富有同情心地应对，也将产生巨大的差异。

# 两岁孩子的特点

你会发现两岁孩子的生活非常紧张刺激。孩子参加体育活动的意愿仍然像之前一样强烈，但现在他更强壮了，动作也更协调了。他可以走来走去，更用心地去探索有趣的东西，试图弄清楚物品的关联和用途。

身体部位和功能的变化是最让人着迷的，他会更加有意识地从使用纸尿裤过渡到如厕。孩子仍然很冲动，并且有很强的占有欲，甚至当知道你给他的行为设定了界限时，他可能会通过反抗你来满足好奇心。在其他时候，他似乎很渴望得到你的爱，并在那些充满爱的温柔时刻用幸福的微笑回应你，或者蜷缩在你腿上抚摸你。

## 有什么新进展

家长经常把两岁孩子的旺盛精力形容为家里有一场"小龙卷风"。跳跃、跑步和攀爬等大动作最能吸引孩子的注意力。这些都是他去年通过努力学习掌握的技能，今年他仍然需要每天重复这些技能来保证身体各部位的健康发展。在这个年龄，孩子可以踢球或者投掷，可以踮起脚尖，如果他能抓住扶手，还能够上下楼梯。

他的精细动作技能发展较慢，但大多数两岁孩子能做的不仅仅是在纸上涂鸦，他的作品中出现了直线和圆圈。孩子可能会很喜欢拼图或者开放式玩具，可以让他练习堆叠、移动、扭曲、分类和计数。孩子也会继续喜欢和享受感官上的体验。

孩子与他人的交流可能比去年更容易一些，不过这一表现也跟孩子的个性有关。大多数两岁的孩子会用两到四个单词的短语或句子表达。当处于平静愉快的情绪中时，孩子也许能够表达他的需要。然而，如果他正在经受挫折，或者当时的情绪不稳定，这种表达能力可能会在关键时刻消失。

在社交方面，两岁的孩子是以自我为中心的，倾向于更多地参与平行游戏而不是合作游戏。在这个发展阶段，期望他们无私地分享玩具是不现实的。你的孩子还需要家长的帮助，当他玩玩具时，你要保证他拥有玩具的权利，等轮到别人玩玩具而他不开心的时候，你则要让他学会等待。

## 能力和局限性

**自信的表现**　两岁的孩子知道，现在的他更有能力满足自己的需求。他会毫不犹豫地尝试家长一直在帮他做的事情，以此证明他不需要任何人的帮助。如果你经常对孩子说"不"，他会认为你在阻碍他，并会故意违抗你。一小部分这个年龄的孩子甚至会撒一两个谎（"如何处理谎言"见p138）。为了避免他在橱柜或壁橱里制造麻烦，你需要把他的用品放在他够得到的低处，让他参与你的日常生活。

**了解个人财产的概念**　在这个年龄，孩子的行为主要受自己的欲望驱使。他开始明白某些物品属于他，比如玩具或食物。如果孩子会大喊"我的"，这是一个很好的迹象，表明个人财产的概念正在深入他的思维。虽然在社交场合，这一行为可能会显得具有攻击性（比如，他不愿意分享自己的玩具），但他很快就会明白，如果一个人可以拥有一件物品，那么出于爱或者同情，这个人也可以自由地将物品送给他人。让孩子有机会沉浸在这些奇妙的情绪中，并通过在游戏中练习轮流使用来引导孩子。

**假扮游戏**　当孩子玩过家家游戏时，你可能会听到他在自言自语地模仿他在日常生活中看到的事情，比如做饭、使用各种工具或购物。然而，这个年龄的孩子还无法区分幻想与现实，这意味着卡通人物、神话动物、怪兽、圣诞老人和故事中的拟人动物对他来说都是同样真实的（甚至是可怕的）。当他询问的时候，以简单的事实回答他，让他知道什么是真实的，什么是虚构的。

**寻求感官体验**　大多数两岁的孩子都会喜欢玩那些容易把自己弄脏的游戏。你的孩子可能会喜欢玩水、泥、橡皮泥、水彩笔，或者其他他能弄到手的黏糊糊的东西。他也可能对自己喜欢或不喜欢的材质有明确而强烈的偏好，包括食物和衣服。他对这些活动的注意力持续时间很短，所以不要期望孩子能一直集中注意力。相反，他有很多途径去刺激自己的感官。当你发现他在厨房里浑身沾满了面粉或糖浆，你就会知道他对这种混乱的游戏有着多么大的渴求。

> **小·贴士** 孩子偶尔会对感官体验产生反感或额外的兴趣。处理这个问题的最好方法是要有耐心，尊重孩子的喜好。强行纠正这个问题可能会给双方带来困扰。但是，如果怀疑自己孩子的感觉强度或社交能力不在正常范围之内，你最好寻求医生的帮助。你可以带着孩子定期做相应的感官刺激或脱敏活动，帮助孩子减少挫败感。

## 沟通

现在，家长需要审视自己的期望并共情孩子的情绪。孩子不能从大人的角度看世界。如果你首先认可孩子偶尔会无礼、脾气暴躁，甚至可能具有攻击性的事实，那么所有的行为问题都会得到更快、更有效的解决。把自己的自尊放在一边，然后花点时间学习如何用孩子能听懂的方式说话。

首先要做的是评估孩子的情绪状态。他是在表达喜悦、悲伤、愤怒、惊喜，还是沮丧？观察他所有的面部表情和肢体语言，从裸露的牙齿到微耸的肩膀。俯下身来，专注地看着他。在用语言表达你所看到的场景的同时，让你的身体成为他的镜子——"你在哭。你的手攥成了一个拳头。"

然后，猜猜你的孩子感觉如何，为什么会这样。说话的时候把音量调低，但要使用与情绪相匹配的语气。"你很生气。你想出去玩。你生气是因为我不让你在大雨里玩。"这种独特的说话方式一开始可能会显得很奇怪，但你会慢慢习惯。通常，在感觉被理解后，孩子会冷静下来，接受你的提议或找其他事情做。

# 适合两岁孩子的管教策略

当一个两岁的孩子也不容易，他们需要去触摸、品尝和认识环境中的所有物品，即使这样做不安全、不尊重别人或不卫生。孩子冲动的天性也让延迟满足变得困难。作为一个成年人，你可以给他适当的情绪发泄口，同时让他远离危险。你的孩子需要家长体谅他目前的情绪，给他明确的界限，确定恰当的行为模式，并以培养他发展独立性为目的对他进行引导。

## 说"可以"

你会不会因为孩子的行为不合理、令人生气或具有破坏性，而限制孩子的活动或行为？如果你不确定，那就拿张纸，在每次回答"不行"的时候就打个钩。如果一天结束，你做的标记看起来很多，你可能就需要想一想，如何说出"可以"。

很多时候，家长也许可以给孩子提供一个新的机会或者寻找一项新的活动，给他更多的选择。例如，在看到孩子抓起易碎物品并想把它扔到地板上时，不要说"不"，而是肯定孩子锻炼手臂肌肉的需求。不妨这样说："扔东西的确很有趣，你可以扔东西，但是我们要找一些不易破碎的东西扔。"尽可能多地说"可以"，即使有些事情确实让人生气。但是多说"可以"，孩子就会慢慢明白，家长设定限制是在为他们着想。

## 提供有限的选项

让你的孩子在两个可接受的选项中做出选择，是一种有效的管教技巧。当你给他一些简单的选择时，比如穿红衬衫还是蓝衬衫，你是在让他自己做决定。征求孩子的意见是体贴和尊重的表现。如果孩子选了一项之后很快改变主意，转而选另一个选项，不要惊讶，这是孩子在锻炼自己的决策能力。

拥有太多的自由会产生相反的效果，会让孩子感到压力和不安。如果给他一柜子的衬衫做选择，他很可能会把这些衬衫全都拽出来，一件一件试穿。以孩子目前的认知程度还无法处理复杂的选择。

尽管孩子需要在生活中拥有一些发言权，但他也需要你证明家长拥有着最终决定权，这有助于他在探索如何抉择并解决问题时感到安全。提前筛选孩子的选项是在帮助他发展。

## 始终如一，坚持到底

当前孩子正在寻找社会行为的界限，他会经常测试你的界限，看看你是否会改变主意。孩子并非在操纵你，他只是想弄清楚界限是什么。因此，家长的工作是遵守每一项行为准则。如果孩子询问时，你的回答是"不"，就不应该含糊其词、怨声载道或做出让步。孩子需要你言出必行，冷静地坚持到底。

每个家庭制定的规则或对孩子的行为期望都是不同的，因此家长首先需要确定自己家有什么规定，以及你将如何执行。例如，你家在进餐时的规矩是用餐一定要在餐桌上，当孩子试图把食物带到其他地方，你就需要有礼貌地进行干预。你可以提出一个简单的选择题："你想再多吃点东西还是准备好饭后洗手了？如果你站起来，我就认为你吃完了，可以帮你洗手了。"在孩子做出选择后，你需要确保自己不会被拉入一场游戏或争执中。确认孩子已经做出的选择，共情自己和孩子的感受，并言出必行。

## 用游戏的方式，用肢体的语言

在制定规则时，要使用严肃的语言，比如"我是认真的"。但是家长也要记住，越是把快乐带进育儿策略中，你就越能看到积极的行为。孩子需要通过游戏的方式和肢体的语言来感受你的爱。

想要鼓励孩子遵守规则可以有很多有趣的方法。当你给孩子夹菜的时候，为什么不唱一首关于健康蔬菜的歌呢？如果你需要孩子心无旁骛地从游戏场走到汽车旁边，为什么不试试假扮飞机"飞"回车里？孩子像猴子一样在床上乱跳？试试在地板上放上一两张垫子，让他边唱边跳。每次刷牙都是一场大战？如果你让他刷的是"鳄鱼牙"，也许他会很乐意。当其他方法都不奏效的时候，在家里追逐打闹对孩子来讲是有用的，他可以释放自己的情感和活力。遵循天性，哪怕只是一两分钟。

## 带孩子离开

即使转移注意力，这个年龄的孩子也可能会重复不恰当的行为。你必须立即让孩子停止危险行为或伤害他人的行为，并且防止行为再次发生。这种情况下，最好的做法就是直接将物品从孩子的视线中移开，或者直接带孩子离开。不要给出时间让孩子犹豫或讨价还价。一个两岁的孩子不愿意离开，家长就需要把他抱走。如果是在公共场所，比如商店，而孩子正处于发脾气的边缘，这个技巧尤为有用。与其在众目睽睽之下处理问题，去一个相对私密的地方，双方都会觉得舒服和安全。

你甚至可以在自己身上使用这个技巧。如果你感到愤怒或情绪失控，就让另一个成年人把孩子带到别处，你会发现这有助于从愤怒的情绪中解脱出来。

请注意，这种脱离场景的技巧千万不能用来孤立或惩罚孩子。要做的就是一起休息一下，重建感情。让孩子面壁反省或"关小黑屋"只会让孩子滋生负面情绪，对他来说毫无意义。相反，如果给孩子一个安全之所来解决问题，就会起到积极的作用。如果孩子在这之后发脾气，他可能是在对发生的事情感到困惑。这时候家长一定要认同他的感受，并表达你对他的爱。当冷静下来，并且准备好了，你就可以带孩子回到之前的场景中，或是建议孩子选择一项完全不同的活动。

# 两岁孩子的常见问题

有的日子也许很糟糕，但我们可以改变它。孩子在两岁的这一年会发脾气、耍性子，会把家里弄得乱糟糟，面对这些常见问题，下面的小技巧或许可以帮到你。

## 发脾气

去年，你的孩子花了很多时间活动身体，增强他的力量。现在的他更强壮了，如果他过度疲劳、沮丧或饥饿，他闹脾气可能会持续更长时间。一个两岁的孩子可以尖叫得更大声，踢得更用力，哭得更久。

尽管如此，孩子发脾气也没什么大不了的，你只需要知道如何去平息这场风波。处理孩子发脾气的基本方法与去年一样（见 p33），但今年更重要的是，你要用适当的方法来减少自己的挫败感，并且在孩子发脾气时找一个合适的时间来解决问题。

## 做好榜样

不仅仅是孩子会发脾气，成年人也会有糟心的日子，偶尔发牢骚、发脾气是很正常的事。成年人在愤怒中大喊大叫、跺脚哭泣、心力交瘁并非闻所未闻。你两岁的孩子不明白他为什么会生气，也不知道好的缓解方法，但他在观察你，并学习你。当你在孩子面前失去理智，大喊大叫，对自己或他人做出攻击性行为时，你就是在向孩子传达一个讯息：当感到沮丧时，可以通过不受控制的攻击性行为来表达自己的感受。

下一次当你在孩子面前感到沮丧时，试着大声说出你的感受，并以积极的态度让自己冷静下来。当然，有的时候我们做不到这一点，但如果养成了这样的习惯，你就会拥有一个全新的对强烈情感的自动响应机制。比如，在做晚餐的时候你突然意识到缺少一种主要配料，你可以说："我现在很难过，因为我没有这道菜的配料。上周我去商店时忘了买，这让我很生气。我需要冷静下来，然后再决定要怎么做。我要深呼吸，然后在沙发上坐一会儿。"虽然两岁的孩子都很专注于自我，但他们可能会表现出关心，并且给你一个拥抱。在这种情况下，你给他们传达的是另一个直接的讯息：当感到沮丧时，你可以冷静下来，并且接受别人的安慰或帮助。

当感觉到孩子情绪低落，请你试着使用与之前同样积极冷静的语言。例如，当孩子因为拼不好某块拼图而感到沮丧时，你可以说："你把拼图压弯了，它没被放进正确的位置。你的眉头都皱起来了，还摇着头。"在描述了情况之后，你可以建议他暂时把拼图放下，休息一会儿，并提醒他，在你发现自己忘记买配料的那一天，他给了你一个拥抱，问问孩子一个拥抱是否能让他感觉好一些。有了你的榜样和提醒，他会明白除了发脾气，还有别的方式来表达沮丧。

## 解决发脾气的问题

一个正在尖叫、哭泣或有攻击行为的孩子是痛苦的。在同情他的同时，家长也要努力帮助他缩短情绪爆发的持续时间。孩子一旦开始发脾气，通常要经过几个阶段才能结束。你在每个阶段的参与方式都会影响他未来发脾气时的状态，根据孩子性格上的差异，你的参与甚至可以阻止这些情绪的爆发。

如果感觉到孩子的情绪马上要爆发，而你无法通过移情、转移注意力或满足需求来阻止他时，首先要确保孩子在安全场所，不会有接触潜在危险物品的机会。不要试图在这个时候跟孩子讲道理，如果他的要求不合理，不要屈服让步，要坚定立场。

大多数发脾气始于一个小小的挫折，接着爆发大喊、尖叫，或憋气，之后孩子会变得具有攻击性。他可能会扔玩具、推拉椅子等较大的物体、乱打乱踢。家长要记住的是，孩子情绪爆发时是不能讲道理的。如果你的孩子是对张开的双臂会做出积极反应的性格，这时就一定要给他一个拥抱。

然而，对于大多数孩子来说，若在这一阶段受到过多关注，就会延长发脾气的时间。请待在孩子附近，并保持安静，在尊重孩子的同时也等待他接受你的爱。忽视孩子或者远离孩子都不是好方法，但也不必给孩子太多关注。耐心等待，情绪风暴过去，太阳会再次露面的。

当孩子不再吼叫或不再具有攻击性时，你会看到孩子虽然在哭泣，但明显放松了。这时候最糟糕的时刻已经过去了，你可以一点点靠近他，开始一些身体接触，比如轻拍他的后背，或者把他拉到你的腿上。事实上，发脾气一点也不好玩，甚至是很痛苦的。他现在能听进去你说的话了，所以要表现出同理心。告诉他，你理解他、爱他。问他是否准备好和你一起寻找解决办法，向他提出建议或提供选择。

如果你一直用这种方法来回应孩子，他就会明白发脾气是没必要的。当孩子意识到可以在你爱的怀抱中感受到舒适和安全，而不必用发脾气应对沮丧时，这种情绪爆发就会慢慢减少。

## 睡眠

如果你的孩子还睡在婴儿床上，家长在这一年可以考虑逐步改变这种状况。大多数两岁的孩子喜欢冒险和攀爬，如果孩子不断地在床上爬上爬下，说明他需要更多的独立性。就像所有日常作息的改变一样，选择孩子心情愉快、身体健康、精神饱满的一天来开始。此外，在孩子不受其他压力的影响时，比如如厕训练、弟弟妹妹出生等，生活作息的调整会相对容易一些。

### 整理床铺

有很多种"大孩子"的床可供选择。你的孩子使用的婴儿床可能已经换成了儿童床。儿童床通常较低，而且使用的是适合孩子的床垫，可以再继续使用几年。

也可以选择直接在地上放置双人床垫或大床垫。这样床垫离地面很近，你就不用担心孩子会跌落。如果你选择的是普通尺寸的床和床架，一定要安装侧边防护栏（防止孩子跌落），并且在床下垫一块软地毯，方便孩子在半夜下床时可以踩在上面。不建议使用双层床，这对六岁以下的孩子存在很大的安全隐患。

## 做出改变

在决定了床的类型之后，和孩子谈谈，了解他的感受。告诉他你很兴奋，因为他现在长大了，是时候把婴儿床拆掉了。如果他持怀疑态度，家长可以将新床放在原本放婴儿床的地方，并强调新床会同样舒适。你甚至可以把婴儿床留在房间里几个星期，直到孩子习惯在新床上入睡。如果孩子态度积极，尽可能多地让他参与新床的布置。他可能会想在床上放一个毛绒玩具，或是拍拍枕头使其更蓬松。对孩子而言，新床其实就像新玩具一样，因此给他和床一段独处的时间吧。

不管怎样，花点时间在新床上相拥，或者给他读故事，白天的时候可以玩角色扮演的游戏，如让孩子躺在床上假装入睡。需要记住的是，过渡通常需要时间，在孩子对于新的生活方式感到舒适之前，家长要保证几个星期的持续安慰和重复练习。

# 托儿所

决定何时或是否将你的孩子交给另一个成年人照顾是一个非常私人的决定。如果你能够并且非常渴望全职在家照顾两岁的孩子，那么就没有必要送他去托儿所。然而，许多父母确实需要工作，好在孩子在这两种情况下都能茁壮成长。在托儿所，他与一个爱护他的成年人之间有亲密的关系，有足够的时间在室内和室外玩耍，并且有机会体验社区生活。

## 彼此尊重的交流

所有的关系都需要双方共同努力，这条真理也适用于家长与孩子、孩子与老师以及学校工作人员的互动。培养健康的关系对孩子来讲非常有益。如果他从托儿所回来不开心，这个问题就需要由你来解决，你一定是他的"辩护人"。为了有效做到这一点，你需要对孩子的老师持欣赏和尊重的态度。在开启困难的话题之前，先说"谢谢你"或"我很感激"，这将帮助你进入正确的思维模式，也会让双方都感到轻松。

接下来，表达你的感受并描述问题。试着说"我很关心"或者"我想知道"，当孩子的老师以他的观点回应时，请以开放的心态倾听。如果他明白你是想帮忙，解决问题就会容易得多。记住，即使你无法掌控你不在场时发生的一切，你仍然是孩子的父母，你知道什么对你的孩子有益。如果孩子的老师过于严厉，或是正在用一种你认为会使问题更严重或损害孩子情绪健康的操纵性纪律技巧，你有权提出质疑，并要求使用更适合孩子身心健康的策略。如果双方无法达成共识，是时候换一家托儿所了。

## 解决行为问题

尽管家长都希望在不受监督的情况下，孩子也能保持良好的行为习惯，但这根本就不在家长的掌控中。如果听说孩子一直伤害他人，或者拒绝合作，你可能会感到愤怒或沮丧。但在家里惩罚他并不能阻止这些问题行为的发生，你需要充分地了解情况。所以在采取任何其他行动之前，请主动与孩子的老师沟通。确切了解事件发生的时间、事件的起因、事件的参与者，以及事件发生的频率。这是一次偶发事件还是反复出现的大问题？如果是后者，问问有没有办法让你在孩子看不见的地方观察他的行为。基于所有这些信息，你可以尝试做以下事情。记住，即使白天没和孩子在一起，你也是有希望解决问题的。

**和孩子谈谈**　了解孩子对这件事的看法。试着感同身受，并在情感上与孩子建立联系。孩子需要感觉到，即使自己的行为很糟糕，你还是站在他这一边的。

**让你的孩子参与制订计划**　例如："下次有小朋友想要拿走你的玩具时，去告诉老师你需要帮助，而不是出手伤人。"通过角色扮演游戏，帮助他学习正确的社交礼仪。

**书面告知老师你的计划**　不管是通过短信、电子邮件还是手写信件，你都要把发生的事和自己的计划写下来并告诉老师。这样一来，双方都能明白之后再遇到同样的问题时应该如何处理。

**下车时提醒**　在把孩子送进托儿所之前，提醒他之前制订好的计划，并告诉他，老师也知道这个计划。

**随后跟进**　当把孩子从托儿所接回来时，请你问问他计划执行得怎么样，同时也要积极与老师取得联系，让老师知道有你的支持。

小贴士 / 如果孩子正在学习如何使用马桶，你和老师就此观点达成一致尤为重要。在你计划给孩子脱下纸尿裤之前，一定要先和老师沟通。

# 照顾孩子时保持一致性

　　当孩子进入一个新的环境时，家长可能会产生很强烈的情绪反应：兴奋、恐惧、内疚和希望交织在一起。如果你目前的困境也是如此，你就要知道这些感受都是正常的。在孩子适应新的、持续的生活习惯后，你的这种感觉可能就会减弱。花点时间考虑你将如何照顾孩子，细致询问保姆、托管人员或其他看护人，选择一个和你的管教方法一致的人。多去参观托儿所和幼儿园，比较它们的环境。使用下文提到的内容来辅助选择。

**优秀的护理人员：**

·看起来温和、友好、有教养。

·可以和孩子建立轻松融洽的关系，如：眼神交流和彼此尊重的交谈。

·持有证书、有儿童教育经验。

·愿意倾听家长的育儿理念。

·对孩子的个性表现出兴趣。

·不使用引诱、威胁、打骂或其他强制方法让孩子服从管理。

**优秀的托儿所或学校：**

·地面安全牢固。

·父母在探视时，校方表现热情友好。

·老师鼓励和支持孩子学习使用马桶。

·孩子们看起来很快乐，专注于他们的游戏或与成年人的互动。

·老师看起来也很快乐，专注于孩子们。

·成人与儿童的比率相对较小（了解自己所在地区的相关法律规定）。

·课程分配合理，有充分的游戏时间，更注重室内外无组织的"自由活动"。

·当孩子出现行为问题时，有明确的方案与家长沟通。

·老师使用的管理技巧与家长的理念十分契合。

·环境让人感觉"像家一样"，可以让孩子感到舒适。

## 不服从

没有人能控制孩子的行为或塑造他未来的个性。两岁的孩子缺乏认知能力，无法理解他们行为会产生什么后果，因此家长的角色是使用理性和逻辑来保护孩子的安全，并教会他尊重周围的世界。清楚自己的育儿角色（为孩子提供学习的机会，保护他们免受伤害）和孩子的学习角色（挑战权威，找到可以玩的东西），将有助于我们在孩子冲动或不服从时保持冷静和专注。

## 勇敢探索

两岁孩子的一些行为可能会让家长感到不适。他不仅想和你站在同一个高度，还想使用厨房里最锋利的刀具。他不喜欢在家里玩耍，而是想和大孩子们一起在公园里嬉戏。他比一年前更有能力，也更有强烈的动力变得独立，他可能会坚持做一些他还没有能力去完成的事情。

以下是一些两岁孩子常见的冒险行为和避免争执的简单方法。

**想要使用刀具**　告诉孩子"可以"。他已经准备好体验了，只是不要用你的厨刀。给孩子一个用来切蔬菜的"波浪形切碎器"，或者一把塑料沙拉刀，同时别忘了给他案板和碗。把这些工具放在他够得到的地方。在家长做饭的时候，孩子可以帮忙切菜。

**爬上柜子**　买一个漂亮、结实的脚踏凳，或者准备一个专为学步孩子设计的家具。另外，可以用公园里的游乐设施，确保孩子有足够的机会练习攀爬。但如果孩子自己还无法爬上去，可能攀爬对于他来说还不够安全。在孩子攀爬的时候，家长应在一旁帮助和指导他的动作。

**打开炉灶或拧烤箱旋钮**　总有一天，孩子会准备好独自使用炉子和烤箱，但在这个年龄，家长还不能说"可以"。你需要一直在厨房里密切关注孩子，如果他尝试打破这个界限，你需要把他引导到另一项活动中，或者把他从厨房里抱走。

**从高处往下跳**　五级台阶对孩子来说太高太远了，但孩子自己并不具备这种判断能力，他只是想尝试一下。如果你觉得风险较低，可以让孩子在你的保护和协助下跳下去。家长还可以仔细观察附近的区域，寻找潜在的危险，并针对安全和不安全的地方制定一个明确的、没有讨价还价余地的规则，待在附近看护并执行你的计划。如果孩子非常喜欢跳跃和翻滚，家长可以在客厅里摆放一张台子，让他爬上去再跳下来。越多练习从较低的高度安全地跳跃，孩子就越能准确地判断什么是安全的。

## 如果孩子说"不"

这个简短的词可能以一声哀鸣开始，然后变成一串哀号，这个词背后承载着我们许多人性化的情感。两岁的孩子可能会经常使用"不"这个词。当分散和转移注意力都不起作用时，你可能会一遍又一遍地听到"不"。随着孩子变得越来越倔强，说"不"的声音会变得越来越大。当努力调节自己的情绪时，你可能已经处于焦虑或愤怒的边缘，但请记住，孩子有权表达对于强加给他的事的厌恶，他也有权抗议。如果你的孩子从未学会说"不"，你会为他担心一辈子。给他一些简单的选择，这样他就可以练习用"不"来表达自己的喜好。

当你发现自己陷入一场意志之争，而且孩子完全拒绝合作时：

| 可以做的事： | 千万不要做的事： |
|---|---|
| ☑ 迅速决定允许和不允许的事情。 | ☒ 拖延时间。 |
| ☑ 如果可以，请提供其他选择。 | ☒ 讽刺或嘲笑孩子。 |
| ☑ 把孩子从不愉快的场景中抱走。 | ☒ 尝试使用逻辑讲道理。 |
| ☑ 对孩子的情绪感同身受。 | ☒ 无视孩子的感受。 |
| ☑ 准备好处理孩子的脾气。 | ☒ 自己情绪失控。 |

在事情结束之后，花点时间反思。为什么你的孩子不喜欢某样东西，以至于一次又一次如此强有力地拒绝？有什么事是特别困扰他的？能否通过改变生活环境来防止类似事件的发生？

## 控制混乱的局面

孩子看到打开的柜子就想要去探索一番，玩具太多就不可能全都收拾整齐。仔细观察一下什么物品可以让孩子在任何时间都能自由拿取，这样一来孩子玩起来就更容易。在这个年龄段，如果家里没有太多玩具，而且孩子知道玩具都放在哪儿，他是完全有能力自己收拾的。家长可以假装从架子上取下一个玩具，玩一会儿，然后把它放回原处。如果家长经常这样做，孩子就会模仿家长的行为。

不过，即使每次都想自己打扫，但这个年龄的孩子还不能独自打扫卫生。清洁工具要等他再大一点、更能听懂道理的时候再交给他。现在，通过"让我们一起打扫干净"来吸引他配合。当把一切都整理好时，家长和孩子可以在房间里唱歌、跳舞。所有的清洁工作都完成后，花点时间环顾四周，微笑着说这一切看起来多么整齐，多么美好。

两岁的孩子都很喜欢搞破坏。他会把浴室弄得一团糟，在吃饭的小桌上留下酸奶，在地板上洒满玉米片。不管他怎么小心，这些混乱局面都会发生，所以家长要做好清理准备，而不是试图阻止这些事的发生。家长可以使用儿童尺寸的清洁工具，如扫帚、拖把、簸箕、干布、海绵和喷水瓶等，创建一个清洁站，事情发生后冷静、切实地处理，引导孩子正确使用这些工具。对孩子来说，这只是另一项有趣的游戏。

## 如厕

对于这个年龄的孩子来说，学会使用马桶是一种纯粹的快乐，而不会受到来自家长的压力。事实上，当把这件事看作一个学习的机会，而不是一个需要"训练"的能力时，我们就会意识到，向成年迈出的这一大步是孩子的责任，而不是我们的责任。这不是我们要对孩子做的事，而是我们帮助他们学会自己做的事。

我们要做的工作是提供练习的机会并一步一步地指导，不需要贿赂或威胁孩子。让孩子来引领，家长就可以放松下来，因为你知道，在未来的某个时刻，他一定能学会独立如厕。

### 产生兴趣的迹象

大多数孩子在两岁的某个时刻，会突然对如厕产生兴趣并初步具备如厕能力。初具如厕能力的迹象包括：孩子可以在大人的帮助下穿脱衣服；孩子可以感觉到需要小便或大便，并且能忍到被抱到一个指定地点；孩子蹲在一个隐蔽的地方，在纸尿裤里大便，或者干脆脱下纸尿裤，肆无忌惮地小便；孩子对自己的私处和你的私处特别感兴趣；孩子对大便的颜色、大小、形状和质地格外好奇。

对任何承诺在特定时间或短时间内完成如厕训练的建议，都要持怀疑态度。意外和退步对所有的孩子来讲都是正常现象。

## 一步一步走向成功

改掉一个习惯是很难的。使用纸尿裤能给孩子带来安全感，会让孩子感到安心。他甚至可能会感觉换纸尿裤的仪式充满了爱，并且对每次换纸尿裤时和你共度的时光充满期待。现在，家长要改变的是孩子的期望和感觉。他的屁股上没有了柔软的保护屏障，而且将不得不在指定的地方"放松自己"，这可能会让孩子感到焦虑，导致孩子便秘或拒绝如厕。

重要的是，家长开始这个过程的时候就要认识到，学习使用马桶是孩子的工作，而非家长的工作。但家长可以正确引导，让孩子更轻松地过渡。

**坚定成功信念并正式开始**　如果家长对这件事感到有压力或焦虑，就考虑一下是否已准备好让孩子做出改变。如果平时你需要工作，不妨在星期六的早上开始如厕训练。确保孩子身体健康，情绪状态良好，未处于重大生活事件中，比如弟弟妹妹刚出生或父母要去出差。此外，家长的自信和良好的时机也是成功的关键。

**把纸尿裤收起来** 告诉你的孩子，他在白天不需要纸尿裤了，是时候在厕所里小便了。如果孩子似乎不在意，请你把纸尿裤放在他们看不见的地方。如果孩子在情感上更敏感，对他心爱的纸尿裤更具占有欲，家长可以把纸尿裤放在一个特别之处。请注意，许多孩子入睡时仍然需要纸尿裤。

**把马桶放到方便使用的地方** 小巧、便携、较低的马桶更容易蹲下使用，而且不会让孩子心生畏惧。家长可以把小马桶放在厕所里，也可以在其他房间也放一个，这样孩子就能随时使用了。如果是在成人马桶上加一个儿童座圈，那就别忘了加一个脚凳或小梯子。

**不要让衣服成为阻碍** 如厕训练的前几天，在室温适合的前提下给孩子穿一件长裙或T恤衫，这样穿脱衣服就不会成为如厕的阻碍。能使用马桶后，下一步是让孩子只穿裤子而不穿内裤。如厕训练取得一定的成功后（留出几周时间），就可以过渡到让孩子穿上内裤或材质轻薄的训练裤。

**别太把它当回事** 使用马桶是一种正常的、自然的技能，就像学习接球一样，孩子只是需要练习，没有必要做任何特殊或超出常规的事情。别把零食、电视和小贴纸当作奖励。事实上，不穿裤子对孩子来讲已经很不习惯了，如果能一如既往反而更轻松一些。

**多喝水** 别忘了孩子需要多喝水才能小便。给他一杯水或者一两份水果，加上他经常吃的零食和正餐就可以了。

**观察** 很多孩子该去厕所时会做出"大便脸"或"小便舞"。仔细观察，你就能发现细微的迹象，并尽快让孩子去厕所。

**一起定时上厕所** 如果你不介意，不妨在上厕所时给孩子一个模仿学习的机会，提示他现在可以用自己的马桶上厕所了。

## 拒绝合作

在告诉孩子该上厕所时，他会不会大喊"不"，然后朝相反的方向跑？不要灰心丧气，这是正常的。

首先，不要毫无规律、随意提示孩子该上厕所了。这个年龄的孩子更喜欢规律的生活和明确的期望。确定一个如厕的规律，早上第一件事就带他去厕所。看看一天的日常生活，想想在每次主要活动前后上厕所是不是一个自然的过渡，比如在用餐前或用餐后，出门前或回家后，小睡前或醒来后，等等。在其他时间里，也可依据你的直觉，带他去厕所。有的孩子喝水后二十分钟左右就需要上厕所，有的孩子需要的时间则可能长一些。你需要了解孩子的节奏，并使上厕所成为日常生活的一部分。

下一步是确保你和孩子说清楚：上厕所的时间是不能随意更改的。很有可能在相当长的一段时间里，他都无法学会告诉你"要去厕所"，所以你必须坚持"是时候去上厕所了"，并亲自带他去。

最后，被要求上厕所的感觉像是一场面向观众的即兴表演，所有表演前的紧张情绪都会压在孩子身上。有什么解决方法吗？答案是减轻压力，让如厕变得有趣、放松。对孩子来说，所有的游戏时间都是学习的时间。如果如厕不涉及任何游戏，那么学习这项新技能就没有吸引力了。把你那只喵喵叫的小猫咪带到厕所里，问孩子是否愿意扮演小狗；读个故事或在小篮子里放上故事书，让孩子可以自己读；和孩子一起唱歌，发出一些有趣的声音，或者只是聊聊这一天发生了什么。不过别让他看电视，这只会让他分心，起不到其他任何作用。当他开始小便或大便时，鼓励他在这个过程中听听声音，他可能还想在冲水前看看马桶里面的排泄物。没必要对排便进行表扬或奖励，但类似成就有时需要共同庆祝。和他一起拍手或跳一段快乐的舞蹈，告诉他"你做到了"！

## 尿裤子后的处理

你还记得孩子是如何学会走路的吗？刚开始他可能会踉踉跄跄地走几步，然后就屁股着地摔在地上，接着他会惊讶地哭或咯咯地笑。在家长的鼓励和支持下，他慢慢学会如何把一只脚放在另一只脚前面，用自己的两只脚保持平衡。学习使用马桶也是一样的。

在接下来一年左右的时间里，你的孩子可能会明白小便应该排泄在马桶里，但却无法及时意识到自己的小便需求，也无法记住具体该怎么做。或者他可能专注于自己的游戏，不想分散注意力去解决身体的需要。当外出游玩或长途旅行时，尿裤子的情况也很常见。家长要做的是提前规划，在车里带上一个小马桶，节省休息时间。如果你束手无策，觉得自己根本无法应对不断发生的尿裤子情况，完全可以让孩子把纸尿裤再穿上几周甚至几个月，等孩子准备好后再重新开始。

> **使用语言：** 如果孩子弄湿裤子或在地板上小便，家长要保持冷静，用描述性的语言告之孩子，比如"我看到你的裤子湿了"，然后直接带他到厕所，让他脱下裤子，坐在马桶上，看

看是否还能尿出来。当孩子换上干净的裤子时，家长要提醒他"要在马桶里小便"，和他一起清理地板上的污物，然后继续下一项活动。尿裤子在儿童早期是很常见的。

# 家长来信：一团糟

我们喜欢一起做饭，所以我们把烘焙食材放在一个低矮的抽屉里。有一天，在一段时间的安静过后，厨房里传来了我儿子咯咯的笑声。我到厨房里一看，他拿了一袋玉米粉，洒得到处都是。他的小手伸进袋子里捏着玉米粉，脚在地上的玉米粉里划来划去，他显然很喜欢这种感觉。我当时能想到的只有"这些玉米粉会永远残留在地板的缝隙里"。但后来我提醒自己，这只是些玉米粉而已，而且还是我给孩子提供了拿取它的机会。

既然他很喜欢触摸玉米粉的感觉，我们就用手把它们收集起来。我们拿了簸箕，开始打扫，然后用湿布擦地板。打扫的时候，我们讨论了如何节约食材，这样下次他想烘焙的时候我们就有足够的玉米粉可供使用。之后我回到厨房，做了更彻底的清理。现在我们仍然把食材放在一个低矮的抽屉里，不过每种食材都会少放一点。

[卡里，32岁，来自美国俄亥俄州麦迪逊县，有两个孩子（三岁和五个月）]

第 4 章
CHAPTER 4

三岁的孩子

在三岁时，孩子会进入一个新的意识期。虽然他的头脑仍在吸收当下所有的感官体验，但他会开始思考过去和未来的含义。他所有的活动突然变得更具目的性了。他渴望自主选择，这表明他正在成长，认可并渴望展示自己的能力。

他不再受制于自己的本能需求，而是积极参与学习和社会交往。这将是亲子关系的一个转折点，因为在过去行之有效的纪律策略可能突然间就失效了。家长需要运用想象力来灵活满足三岁孩子的需求。

# 三岁孩子的发展特点

　　三岁的孩子看起来天真又可爱，他那可爱的滑稽动作和对日常生活的热情常会引你发笑。两岁时难以驾驭的日常活动，现在会引发他极大的兴趣，比如洗手或吃零食。他还是很喜欢把东西弄乱、弄脏，但如果你能将他的注意力集中在一些微小的事物上，比如他指甲下的一点污垢或是桌下滚来滚去的豌豆，他很可能会把自己充沛的精力集中在这些事上，骄傲地炫耀自己的成果。

　　但这并不意味着一切都会顺利进行，孩子还会继续试探自己行为的界限。发脾气可能会更严重，而且会掺入更多下意识的行为。固执也是这个年龄孩子的共同特点，因为孩子现在已经有未来的观念，愿意等待更长时间看看你是否会屈服于他。

　　消除这种消极情绪的诀窍是尽可能多地关注孩子掌握的新技能和惊人的进步，并且反复告诉他你有多爱他。简而言之，你的孩子不只是想做你的帮手，还想被人崇拜。不过家长也要继续以包容的心态来对待他，他想知道你有多爱他，也会一遍又一遍地表达他对你的爱。

让这种感受主导你今年的育儿之路吧。

## 有什么新进展

这个年龄的孩子具有旺盛的体力和精力，但他的目的已经改变了。他不再仅仅为了锻炼自己的肌肉力量而跑步或攀爬，他跑是因为他看到了一些需要弄清楚的东西，他攀爬是为了爬到游乐设施的顶部再滑下来。对他来讲，骑三轮车或上下楼梯都会比之前容易，在这个过程中他能享受到去某地的兴奋。

时间充足的运动对孩子的发展至关重要，但同样重要的是他需要提升他精细运动的技能。给自己倒水时，他不会像之前那样洒出很多水。他还可能一遍又一遍地重复某些活动，直到自己的动作变得完美。他可能对绘画感兴趣，他会尝试快速、果断的笔触，以及画波浪线和圆圈。

虽然孩子仍喜欢把东西弄乱，但他的感官变得更加敏锐了。随着精细运动技能的提升，他能根据温度、体重、长度和身高来调整自己的动作，这就是积木和拼图游戏会在这一年里占据重要位置的原因。他可能会对学习字母和字母的发音以及数字和相应数量，表现出新的兴趣。在短时间内，他对这些新概念非常感兴趣，之后可能马上就忘记，转而去关注其他事情。对一个三岁的孩子而言，最好的教育方法永远是让孩子自己主导。

他对时间流逝的意识已经萌芽，因此认为自己已经是一个"大姐姐"或"大哥哥"了，他可能会对自己小时候的样子感兴趣。一些三岁孩子会在语言技能上突然倒退，在一段时间里像咿呀学语的婴儿般说话，甚至有的孩子喜欢假装自己是小猫、小狗等动物或婴儿。孩子可能会经历一个更加依恋家长的阶段，拒绝自主做任何事情。对这个年龄的孩子来讲，这些行为倒退是很正常的，但也有可能是因为刚出生的弟弟妹妹引发的。

三岁大的孩子会不断发现新的让他感到恐惧的事物，比如黑暗、陌生的动物，或者吠叫的狗，他会认为成长是一件很可怕的事。正因如此，三岁的孩子需要通过不断地安慰以及规律的生活获得安全感。焦虑通常表现为在日常活动中拒绝合作或过度活跃（通常在就寝前）。你的孩子仍然无法完全认清现实，会把幻想与现实生活交织在一起。

在这一年里，孩子在社交场合的表现会产生巨大的变化。他不再只坐在朋友旁边玩自己的玩具，两个孩子更有可能开展合作游戏。他们可能会编造游戏，轮流玩玩具，通过扮演他们在日常生活中看到的角色一起玩"过家家"。争吵也是很常见的，但只要有成年人的介入就很容易解决。

## 能力和局限性

**收拾东西** 这个年龄的孩子对秩序非常敏感，他特别能意识到东西是否放错了地方。如果你的孩子没有太多玩具，并且知道每一个玩具放置的确切位置，他就有能力在玩完之后将玩具放回去。一个三岁的孩子是否愿意这样做取决于他当下的情绪，不要指望他会记得收纳所有的物品。但是，他很容易被合作的活动吸引，或是被"首先⋯⋯

然后……"的例行程序强化。

**培养专注力** 你会发现，孩子长时间专注于一项活动的能力在增强。根据孩子的个性，所有孩子都在以不同的速度达到高度专注。这个年龄的孩子仍然容易分心，且精力充沛，为了鼓励他集中注意力，在他专注于某一项活动时，尽量不要打断他或是纠正他。相反，尽量减少环境干扰（比如电视或其他噪声），等他完成后再与他交流。

**分享和轮流使用** 与孩子在幼儿前期占有欲极为强烈不同，现在当他与兄弟姐妹或朋友在同一空间玩耍时，家长可以开始期望或要求孩子们轮流玩玩具。如果你的孩子不喜欢和朋友分享某一件私人玩具，请提前把它放在一个特别之处，并告诉孩子，其他玩具可以和大家一起分享。如果你之前已经有以身作则的分享行为，孩子很可能会自发地分享，以示友善。请注意，他还没有一个清晰的时间概念。与其通过具体时间来限定他可以在什么时候玩玩具，不如给他一个更实际的信息，比如"我们吃完午饭后，就轮到妹妹玩了"。

**初步理性** 随着孩子获得更多的自控力和耐心，两岁孩子的冲动天性逐渐消失。如果家长严肃地告诉孩子不要触碰危险物品，否则会受伤，三岁的孩子更容易注意和理解。但是，即使在危险面前，你也不能指望孩子一定会顺从。在这个年龄，他仍需要密切的关注。

**自理能力增强** 从刷牙到穿衣服，这个年龄的孩子已经可以自己做很多事情了。但这并不意味着孩子想独立完成这些事。事实上，三岁的孩子经常无视自己的独立能力，要求父母出面帮他们做事，这一行为似乎在告诉你："我还小，我仍然需要你。"最好的办法是在孩子提出要求时，让步并给予帮助，然后再多给他一个拥抱，让他感到安全和被爱。

> **使用语言：**不要直接告诉孩子该做什么，试着使用表示合作的语言描述下一项活动，比如，"我们把玩具收起来，然后就可以出去玩了。"

## 沟通

许多三岁的孩子已经具备成熟的语言能力了，他们能表达自己的需求，并被他人理解，使生活某些方面的挑战性大大降低。你的孩子能够听从你的简短指令，并在有动力的情况下坚持到底。长篇大论是没有效果的，所以最好直奔主题。叫他的名字提醒他听你说话，要像他小时候那样，俯下身多跟他做眼神交流。

如果孩子很难集中注意力，你可以试着靠近他的耳朵低语。在这个年龄，注意力分散仍然是一个问题，家长可能需要多次重复指令。为了确保孩子明白他应该做什么，让他把指令复述给你，这样你就知道他是否听明白了。

# 适合三岁孩子的管教策略

不要期望三岁的孩子服从你的每一条指令，要给他有意义的选择。作为一个负责任的成年人，很多时候你需要做出决定并贯彻到底。你的孩子仍然将你视为他探索世界的安全保障，帮助他挖掘他对别人的同情心，将比让他仅仅遵守你的规则更有益。

他不再只是对眼前的瞬间做出反应，他开始为接下来要发生的事做心理准备。

自我发问是他今年最大的转变之一。他的思想快速地掠过"是什么"，并不断地寻找"为何""何时""何地"和"如何"。他希望你能告诉他很多关于这个世界的事，包括如何尊重自己、他人和环境。

## 提供有目的性的任务

为了完成家务，家长经常在孩子面前摆一堆玩具，希望孩子能在这段时间里不要捣乱。虽然可以自由支配的游戏时间是童年美好而必要的一部分，但这还远远不够。因为孩子视你为榜样，他不满足止步于成人世界的边缘，如果他感到孤独，他会使用很多策略吸引你的注意力。他想模仿你，参与真正有意义的工作。

记下你每天要完成的日常琐事，如洗碗、洗衣、打扫等。然后，想一想怎样才能让孩子参与其中，让他练习这些生活所需的技能。也许某一天在他精力充沛的时候，你可以给他提供一把小扫帚让他去扫一扫院子里又大又干的落叶。在收衣服时，你可以给他一些毛巾，教他如何小心地将毛巾对折叠好。

孩子忙碌的小手会帮助他探索世界，同时也会使他的身体和精神进入一个更温和、更平静的状态。提供有意义的工作是一种经常被忽视的育儿策略，如果你的孩子表现出焦虑、过度兴奋、淘气或不满，这将是一种值得尝试的方法。

## 提供信息

孩子对这个世界有太多的不了解，他会像其他人一样犯很多错误。要想有效地给他上一堂关于世界的课，就要选择合适的教学时机。

当你阻止孩子从事某项活动时，他更在意的是自己的情绪，以及你阻止他继续玩下去的事实，而不是你的解释。例如，当他拿着剪刀在房间里肆意奔跑的时候，你知道这是一种不安全的行为，必须加以制止。你可以提醒他"不要拿着剪刀跑来跑去"，但如果他执着于自己的事，比如想快点拿着剪刀去剪纸，他就不太可能听进去你的提醒。请冷静地帮他获得游戏所需的物品，之后再告诉他该如何使用剪刀。

不管是在他再次使用剪刀之前，还是完成当前活动之后，都要认真地坐下来和他简短地谈谈，给出他需要的信息。他需要知道剪刀很锋利，需要学会正确地握住它，并向你证明他能做到；他需要知道如果他以危险的方式使用剪刀会发生什么。再次使用剪刀时，这些信息将帮助他做出更明智的选择。由于他只有三岁，还不能完全被信任，你需要跟进，提醒他这次对话的内容。

> **使用语言**：当给孩子提供信息的时候，你需要找一个安静的时刻，让他能听进去你说的话，试着从"你需要知道一些关于……的事情"开始。

## 利用自然结果

自然结果是我们行为和选择的结果，对大人和孩子都适用。意识到自然结果的作用可以帮助你评估是否需要挑起一场"战争"，或者是否能够理解并允许你的孩子在没有干预的情况下，从自己的失败中吸取教训。

假设你要求孩子，他每天只能吃三颗草莓，盒子里的草莓要吃一周。你分给他三颗草莓，剩下的草莓则放在他面前的桌子上。在你转过身一分钟后再转回来时，他正在吃盒子里最后一颗草莓。你的第一反应可能是愤怒，感觉他忽视了你的指令。这时候你要考虑到，他在这个年龄仍然缺乏抑制冲动和逻辑推理的能力。

他行为的教训之一可能是肚子疼，但另一个教训是，他在这一周里都没有草莓可吃了。他不会在一夜之间学会这一课，而是要花很长的时间。如果他向你要更多的草莓，你可以告诉他：在下次去超市之前不会有草莓了。

如果你能花时间体谅他想吃美味水果的期望，这堂课还会取得更好的效果。接下来要做的是加强你们的关系，把孩子纳入下次的计划决策中，比如让孩子把草莓分别放进一些小容器里，并贴上标签。你也会吸取上次的教训，将剩下的草莓及时收起来，承认错误对双方来说都是学习的机会。

## 使用逻辑结果

当然，吃一整盒草莓不太可能对没有过敏史的孩子造成太大伤害，然而有些时候，后果就会很严重。孩子如果在微凉的天气里拒绝穿外套，他可能会感觉到冷，但不会受到什么太大影响，但是如果一个孩子在寒冷的雪天不穿外套到处跑，则可能会感冒或冻伤，所以你必须强加一个合乎逻辑的结果，比如"不穿外套就回到室内"。

预先设定家长的期望会有很大帮助，对孩子最有帮助的结果应该是那些公平、合理，且有助于培养孩子自我控制能力，加强人际关系的结果。

在逛街时，你可能会遇到一个常见情况：孩子疯狂地到处乱跑，并且无视你的提醒和其他让他平静下来的方式。这时候你需要坚定地让孩子做出选择："如果你选择好好走路，我们就继续购物；如果你选择继续乱跑，那我们就离开这家商店。"若孩子选择继续乱跑，家长要直接将他抱走，这就是合乎逻辑的结果。否则，孩子的行为会导致许多后果：比如他可能会损坏某件商品，家长就要对造成的损失进行赔偿；他可能会绊倒他人，导致自己和他人受伤……作为家长，你不能允许这些事情发生，所以必然要使用逻辑结果。

要记住的是，逻辑结果很容易被当作惩罚来使用。如果你发现自己感到愤怒，并希望你的孩子因为他的不当行为而受到教训，你需要花点时间冷静下来，重新评估你所考虑的结果是否公平、公正，或者它是否具有惩罚的意味。

## 为什么惩罚不管用

　　人们常常将逻辑结果误解为惩罚，带有惩罚性的措施是无效的。类似责骂、关禁闭或没收零食、玩具的惩罚性措施，不会让孩子学到宝贵的人生经验。在受到惩罚之后，大多数孩子会绝望、后悔、愤怒或怨恨，而不是仔细考虑结果并决定下次服从。

　　有的家长会采取"面壁"的方法，让不听话的孩子坐到椅子上或家中的某处，在一定时间内不允许孩子动。如果"面壁"太多次，孩子可能会觉得这根本不是一个惩罚，进而故意不服从。从长远来看，面壁并非永远有效，因此家长可能会选择更严厉的惩罚。

　　当家长采取惩罚措施时，孩子得到的信息是：如果我不服从，我就会受苦。当我们犯错的时候，我们自然会经历一些痛苦，家长没有必要将这种感受强加在孩子身上。我们想要的是确保孩子的安全，找一个合适的教学时间，让孩子们学习，而不是感受痛苦。

　　不要说："如果你现在不停止抱怨，我就要责罚你。"

　　试着说："我明白耐心等待是一件很困难的事，等待真的太难了。等回家后，我们会好很多，到时候我们可以放松一下，一起读一个故事。"

不要说："我受够了你的行为，自己去墙角面壁！"
试着说："我觉得很沮丧。我需要走开，冷静一下。"

不要说："如果你不把玩具捡起来，我就把它们扔掉。"
试着说："我们把你的玩具捡起来，然后一起跳个舞吧。"

作为孩子的保护者和教育者，我们必须帮助他们从错误中吸取教训，引导他们做出选择，从而获得更好的回报，帮助他们获得牢固的自尊并与他人建立健康关系。

# 三岁孩子的常见问题

三岁大的孩子仍然会经常感到急躁和焦虑，依旧需要家长的爱与引导。以下是这一年里家长可能面临的问题以及一些小贴士，希望能帮你顺利渡过难关。

## 发脾气

人人都知道两岁的孩子脾气暴躁，你希望自己能顺利度过孩子三岁这一年。然而，大多数三岁的孩子仍然在与情绪爆发作斗争。在前一年，你的孩子对自己的行为几乎没有任何控制力，但现在他变得越来越有独立意识，能在行为和结果之间建立联系。这个年龄的孩子有时会为了引起你的关注而发脾气，但这并不意味着孩子是在假装发脾气，作为家长，你可能需要以不同的方式来评估情况并应对。耐心和同理心仍然是最基本的要素（见 p36），但你也需要直接教会孩子解决问题的技能。

## 决定教什么

当孩子突然开始发脾气，找出其中真正的原因是帮助他在未来用不同方式表达情绪的关键。承认他的感受并给予安慰，但不要过于心软。就像他小时候一样，耐心等待暴风雨过去，不要屈服于他的要求。他现在已经三岁了，更容易接受你的教导，考虑一下在之后的生活中你要向他传授什么样的人生经验。

以下是一些三岁孩子发脾气的常见原因以及有用的应对技巧：

**挫败感**　你拒绝给他他想要的某样东西，他只是想让你知道他有多失望和生气，希望你能改变主意。另找一个时间，教他用正确的词语来表达情感，并练习这种技巧。家长可以和孩子一起看看图画书或是面部表情的图片，然后一起给表情命名，再在镜子前模仿这些表情。当他感到沮丧时，你可以教他如何表达，比如"我不高兴"或者"我想要这个"。

**延迟满足**　你答应给他他想要的，但需要他等待。告诉他你明白他的需求，教他如何耐心地等待，教他如何通过肢体动作来平复心情，比如把手放在大腿上，深呼吸，放松身体。你甚至可以建议他在等待的时候唱一首歌或者读一本书。在重要的节日来临之际，孩子会情绪紧张，更频繁地发脾气。帮他做一个直观的时间表，这样你们就可以一起倒数了，尽你最大的努力把额外的刺激降到最小。

**寻求注意力**　他觉得无聊或被忽视，想要吸引你的注意力。如果你不立即或按他期望的方式给他想要的关注，他就会用更夸张、更大声、更具破坏性的方式来吸引你的注意力。首先，评估一下你每天是否给予他足够的关注；看电视和其他爱好会严重分散家长的注意力，这些活动占用的时间比你想象的要多。当孩子需要你的时候，停下你正在做的事情，然后耐心倾听。教他如何使用更合适的方法来吸引你的注意力，比如轻拍你的肩膀或者把手搭在你的胳膊上。多练习几次，这样你们两个都能理解自己扮演的角色。

## 压力导致发脾气

节假日期间，在熙熙攘攘的商店或人潮汹涌的公园里，三岁的孩子可能会觉得太吵了。有些孩子对外界刺激比较敏感，所以要注意孩子的个人感官阈值。教他如何找到一个安静的场所，或者在他无法远离噪声的时候提供一个让他感觉舒适的物品。有特殊感官需求的儿童也可以进行医学干预治疗。如果孩子的情绪是爆发性的，并且经常与感官刺激相关，家长可以咨询医生。

如果孩子发脾气的频率和持续时间都突然增加，可能是对压力体验的反应。例如，几周前孩子发脾气的情况还很少见，而最近你开始让孩子独立入睡。在你看来这次尝试是成功的，但这种改变可能提高了孩子的整体压力水平，降低了他的应激能力。换言之，孩子的整个身体已经充满了足够的压力，再多一点挫折感就会导致情绪的爆发和失控。

完全避免压力是不太可能的，学习如何面对和应对逆境是孩子一生所需要学习的技能。其他常见的引发压力的诱因，可能包括最近一次的重大伤害、搬家、父母失业、父母突然重返工作岗位或目睹家庭纠纷。在处理孩子情绪时要有耐心。家长可以向孩子描述你从他的行为中看到了什么，并教他如何表达他的忧虑。你可以说："我想知道你是不是因为我昨天不得不去上班而感到难过。你想谈谈吗？"家长要随机应变，不要让孩子一下子承受太多的挫折，即使你需要暂时忽略其他一些小事。

> **小贴士** / 尽管三岁的孩子看起来已成熟许多，但他仍然缺乏调节自己情绪的能力。家长可能会注意到，孩子在幼儿园玩耍，或和不同的看护人在一起的时候，都能"控制自己"，但一回到家他就会突然变得不听话、发牢骚、发脾气。对于三岁的孩子来说这是正常的行为，他们通常把家看作安全的地方，可以释放白天被压抑的所有情绪。

## 恐惧

新的恐惧经常会以意想不到的方式出现，而且没有任何预兆。孩子可能会突然意识到，原来自己在某些方面是如此脆弱。许多家长为孩子新出现的恐惧心理感到担忧，甚至恼火，尤其是这些恐惧看起来很不合理。父母要做的是让孩子放心，让他觉得他是安全的、被爱着的，但如果他表现出明显的恐惧迹象，不要只说"没什么大不了的"。真正的恐惧迹象包括颤抖、畏惧眼神交流、紧紧抓住某样东西、抱怨肚子疼，有些孩子会用攻击的方式表达他们的恐惧。如果你的孩子开始表现出异常的不顺从、过分挑衅，甚至做出攻击行为，根本原因很可能就是恐惧。

## 安抚孩子的焦虑

快速确认孩子的情绪状态，当你说话时，尽量用平静、自信的语调。告诉他你理解他的感受，而且你一点也不担心会发生什么不好的事。最重要的是，不要过度安慰孩子或强迫孩子直面恐惧，这样只会加深孩子的恐惧。你需要告诉自己只要有耐心，这是一个很快就会过去的阶段。

提供关于孩子害怕的事或物的具体信息是非常有用的。许多孩子会害怕巨大的声音，例如狗吠声、气球爆裂声或烟花爆竹声。如果能花点时间详加解释，你可能会发现孩子的好奇大于恐惧：狗会吠叫是在向主人问好，或提醒主人有陌生人到来；气球里充满的是被压缩的空气，当压力突然释放时会发出很大的声音；烟火是一种装满粉末的圆筒，当它们被火点燃时，会在黑暗的天空中发出明亮的光芒。

其他常见的恐惧也很容易解释，包括意想不到的变化，比如父亲刮了胡子或者黑暗。怕黑可能源于人类的自我保护机制，这种恐惧会引导人们晚上待在家里，不进行太剧烈的活动，这样就不会因为看不清而受伤。

## 区分现实与幻想

狗和龙有什么区别？对于成年人来说，哪种动物是真实的，哪种动物是虚构的，这显而易见，但三岁的孩子却无法区分。他的大脑认为他接触到的一切都是真实的，包括卡通或童话人物、神话生物和故事书中的拟人动物。即使你告诉他这些都是假的，他还是认为这些是真实的，因此，有些事物对他来讲很可怕。

一个穿着打扮比较特别的人，可能会让孩子感到不安，而不是有趣。对某个孩子来说，圣诞老人从烟囱里钻进来送礼物的想法很好笑，而对另一个孩子来说这是可怕的事。这意味着，如果我们想让孩子接触文学或其他形式的作品，例如电视剧或者电影，家长必须对这个发展阶段的特质保持敏感。花点时间让你的孩子在现实中站稳脚跟，让他反复确认什么是真实的，什么是虚构的。如果孩子感到害怕，把书收起来，再多给他点时间，然后可以选择讲述孩子在日常生活中克服困难的故事。

随着年龄的增长，神话传说类或童话故事类的角色扮演游戏，会让孩子受益匪浅。在孩子可以接触到的许多故事书里，都会涉及拥有超能力的英雄战胜对手的故事。在给年龄较小的孩子讲神话或童话故事时，家长必须强调什么是真实，什么是幻想，因为这个年龄的孩子自己还无法区分。你需要保证故事简单，并确保故事有深刻的寓意。家长要注意的是，有些孩子会完全拒绝听这类冒险故事，而有些孩子则会极其喜爱这类故事，要了解自己孩子的喜好和界限。

**小·贴·士** 很多节日和涉及特殊服装的活动会给孩子带来压力，比如万圣节"不给糖就捣蛋"的恶作剧，或是圣诞节坐在圣诞老人身边。家长可以在这些事情发生之前，给孩子提供足够的信息，让他知道会发生什么。如果他仍感到害怕，就做好放弃这项活动的准备吧，也许他还需要一两年的时间才可以享受这些活动的乐趣。

# 管理电子产品使用时间

在什么年龄开始让孩子使用电子产品？多长的使用时间比较合理？对于所有年龄段的孩子而言，与远方的亲戚朋友视频聊天似乎是一种健康的使用电子产品的方式。许多家长允许他们三岁的孩子适度观看教育节目或使用平板电脑玩简单的益智游戏，有些家长则选择完全远离这种类型的活动。孩子是否接触这类科技产品，以及接触的频率有多高，家长可以根据家庭需要和孩子的行为来决定。

## 共同的战场

电子产品正在以惊人的速度更新换代。然而，生物学上大脑的发展需要几代人才能完全适应环境中的新刺激。这让许多儿童发展专家不知所措。

家长注意到，在观看了充斥暴力或快节奏的节目后，孩子往往表现得更具攻击性，玩耍时注意力更不集中。相比之下，观看了慢节奏的教育类节目后，孩子往往表现得更平和、更亲近社会和他人。家长的参与似乎对整个教育体验也有很大的影响。家长可以和孩子共同观看一个节目，并时不时暂停，以便更深入了解和探讨角色的行为，这些片刻的休息能让孩子有时间消化故事，并且通过思考提出问题。

在屏幕前消耗太多时间会妨碍孩子练习其他重要技能，如大肌肉运动、精细运动以及想象力游戏。对于这个年龄的孩子来讲，亲身体验丰富的感官活动会取得更好的效果，而观看电视节目或是在应用程序上划动手指都属于被动观看，无法取得亲身体验的效果。此外，如果睡前使用电子产品，也会扰乱孩子的作息。

孩子可能会拒绝关掉电子产品，表现出难过的样子，或者在该进行另一项活动的时候发脾气。如果你的孩子经常因为使用手机、平板电脑、电视或其他形式的电子产品而与你发生争吵，那么是时候改变一下了。你需要的是一个家庭电子产品计划。

## 家庭电子产品计划

如果你的育儿策略并非完全禁止孩子使用电子产品，那么制订一个使用电子产品的计划是很有帮助的。

1.决定哪些电子产品是孩子可以使用的。

2.设定适合年龄的时间限制，例如每天一小时。

3.确保家里所有的成年人都理解、认可并遵照这个计划执行。

4.在提供电子产品之前，提醒孩子注意时间限制。

5.注意时间控制。

6.在使用时间即将结束的时候提醒孩子。

7.在孩子恳求时态度坚定，不要轻易让步。

现在设定的计划可能在一年或两年后就会显得不太合理，所以家长要定期评估自己的计划。此外，在假期或旅行等特殊情况下可以破例，这时增加电子产品的使用时间几乎没有不良影响。

# 社会关系

与他人的健康关系需要时间来培养。家长要以身作则地告诉孩子，在所有的社交中，彼此尊重的交流是必不可少的。

## 管理冲突

从这一年开始，孩子可以进行真正的合作游戏了，比如轮流使用玩具和解决冲突。孩子可能一开始并不擅长，互相打闹是很常见的。如果两个孩子发生肢体冲突，家长的首要任务就是分开他们，让他们不要伤害对方。然后家长需要扮演调停者的角色，认可孩子受伤的感觉。如果孩子无法表达自己的感受，家长可以帮助他们，例如，可以对孩子说"××很难过，因为他还没有玩这个玩具。××感到困惑，因为他认为这个玩具是可以拿来玩的。"遵循这一点，提出一个明确而合理的建议，例如，商量轮流玩玩具的时间，或提议一个合作游戏。为每个孩子指定一个区域，例如一张桌子或一张小地毯，可以让孩子感到安全和得到支持。

在介入之前，先在旁边观察一段时间。如果没有肢体冲突，家长就不要太频繁地介入。有时孩子们会用创造性的方式自己解决问题。之后，家长口头赞赏他们解决问题的能力，可以说："我注意到你们两个在公园里很不高兴，但你们想出了一个对双方都有效的解决办法！我很高兴你们可以成为好朋友。"

> 使用语言：道歉是一种可以弥补感情裂痕的有力方式，但一定不能强迫孩子道歉，真正的愧疚源自内心。许多家长都会强迫孩子说"对不起"，但其实可以试着用一种更开放的方式，比如，"××受到了伤害，我们能做些什么让他感觉好些？"你的孩子可能会口头道歉，也可能会拥抱或握手，这些都是能有效解决问题并且尊重他人的方式。

## 为弟弟妹妹的出生作准备

家庭成员的增多对孩子来说是一件大事。为了应对这样的压力，孩子可能会假装冷漠、不听话、变得黏人或出现行为的倒退。比如他已经完全有能力自己如厕，却可能再次尿裤子；他可能开始像婴儿一样咿呀地说话，或者想再次睡在父母的床上。这些行为迟早会自行解决，虽然可能需要几个月的时间，但请不要惊讶。

虽然无法卸下孩子所有的压力，但你从一开始就可以为孩子设置一个更平稳的过渡期。从检查当前的日常生活作息开始：目前的作息习惯好吗？弟弟妹妹出生后是否需要改变？如果是，应该怎么改变？在弟弟妹妹出生之前，改变大孩子的作息，孩子就可以慢慢适应新的生活了。

和孩子一起阅读有关怀孕、分娩或育儿的书籍，让孩子了解如何照顾新生儿，这样孩子就会知道该期待什么。一起读书也给了孩子提问的机会，让他消除困惑，平息恐惧。许多孩子对"婴儿从哪儿来"的话题很感兴趣，请诚实认真地回答孩子，保持答案简洁并以事实为依据。这实际上是一次开展性教育的好时机，因为三岁的孩子既足够大，可以开始理解基本的人类生物学概念，又足够小，不会因为这个话题而感到尴尬。

一旦宝宝出生，尽可能多地让大孩子参与。有时候你需要全身心地照顾新生儿，比如喂奶或换纸尿裤，和大孩子讨论这个问题，让他为这个时间选择一些特殊的玩具或书籍，放在摇椅或者尿布台的边上。

很多父母会买一个可以换衣服的娃娃，或是一个迷你娃娃车、婴儿车，这样大孩子就可以扮演你照顾"孩子"了。有的孩子可能喜欢照顾婴儿。把纸尿裤放在低处，这样孩子就可以帮你拿取纸尿裤。有的孩子喜欢用搞怪逗乐的方式来扮演哥哥、姐姐这个新角色，当换纸尿裤时间过长或在车上的时候，帮助你分散宝宝的注意力。

最后，定期留出一些不受打扰的时间与大孩子独处。无论是坐着读故事、睡前拥抱，还是用蜡笔涂色，孩子都会感激你的额外关注，这有助于缓解他可能产生的嫉妒情绪。

## 不服从

他身体僵直，拳头紧握，胸脯鼓起，下巴高抬，他的姿势说明了一个词：违抗。三岁的孩子已经不再容易分心，并且已经学会了如何认真地说"不"。所以你会怎么做？

要记住，在这个年龄，即使孩子清楚自己的选择，家长也最好尽量多说"可以"，并且小心处理可能产生的争执。从长远来看，这会让一切都变得顺利。与之前最大的不同是，你的孩子更容易接受关于适当行为的直接指导。花时间让孩子对新事物作好充分准备去模仿你希望看到的行为，给孩子一些自主选择权。

## 外出去公共场合

孩子在公共场合的不恰当社交行为，让人十分尴尬。许多父母要么过于严厉，要么为了避免孩子在公共场合发脾气而服软。虽然这些做法完全可以理解，但这两种方法都对孩子不利。

对于孩子来讲，出门是一个受教育的好机会。外出最好安排在孩子精神饱满且吃饱喝足之后，这样可以避免一些不遵守规矩的行为发生。在出门之前，提醒孩子你对他行为的期望，比如，在室内要走不要跑，安静地坐着，按照清单购物，对帮助自己的人说谢谢。提前预测在这个过程中可能出现的问题，并用角色扮演的方式想象如果事态不按预期的方向发展，要怎么做。例如："如果阿姨给的食物你不想吃，你会怎么做？"在去别人家之前，教会你的孩子说"不用，谢谢你"。在去看牙医或医生之前，最好先详细讨论一下你认为可能会发生的事情，如果孩子有烦恼和困惑，就让他在家里先发泄出来。

出门在外，让孩子尽可能多地参与活动。比如，让他数数水果，把东西放到购物车里，一路上做些小决定。在他坐立不安的时候，给他一份零食，玩"我看到了……"的游戏，讲个故事或者假扮成动物。如果其他成年人因孩子的行为而生气或使用粗鲁的语言，父母可在必要时道歉，但不要害怕站出来为孩子说话。儿童是社会的一员，他们也有权在公共场合保持自我。如果孩子的行为明显不可接受，告知孩子自然结果或逻辑结果，如，"如果我们不能耐心地排队，我们就得离开这里，因为我们在打扰其他顾客。"如果孩子继续不恰当的行为，你必须坚持自己的立场，即使这意味着要出去等一会儿。有时候管教孩子会给家长自己的生活带来不便，但是孩子会很快学会什么行为在公共场合是可以被接受的，什么行为是不能被接受的。

回到家之后，总结一下哪些策略是有效的，哪些是无效的，想想下次出门你可以做些什么改变来避免不愉快的发生，孩子将来会从哪些教育中受益。考虑以下几点并学习相关技巧，为下一次出门作准备。

孩子是否知道：

· 如何问候新朋友？

· 如何为某人开门？

· 如何走在购物车旁边？

· 如何从架子上选择一件物品并将其放入篮子？

· 如何坐在沙发上正式交谈？

· 如何礼貌地回答问题？

· 如何耐心等待？

## 坚持独立

三岁的孩子可能仍旧坚持按自己的方式做事，他可能认为自己足够能干，所以在做一些超出他能力范围的事情时会忘记获得你的许可。例如，如果你经常让他帮厨，有一天你可能会发现他正在往料理台上倒面粉试图做蛋糕；你走进客厅，发现地板上满是浴巾，旁边是一个空的牛奶盒，因为"牛奶洒了，但是我把它清理干净了"。

如果你的小捣蛋鬼把家里弄得一团糟，请深呼吸，记住这些烦人的事情不会永远持续下去。如果孩子试图做一些对他来说难度太大的事情，想想你能做些什么让这些事情变得容易。也许你可以在一个带把的小杯子里放入适量牛奶，方便孩子拿取；在厨房里加张凳子，这样孩子就不用爬上料理台，给孩子的行为设定界限，比如，"你可以做蛋糕，但你在使用面粉之前，需要先征得我的同意。"

## 拒绝独立

孩子需要独立的意愿是强烈的，同样强烈的还有他想继续依赖的意愿。

孩子可能会拒绝自己穿衣服或画画；当你叫他去睡他的床时，他可能会坚持要你把他抱到床上去。有的三岁孩子甚至会表现得像他心目中的婴儿一样，四肢瘫软，拒绝家长的要求，或害羞地躲在你的身后；有的会像他想象中的动物宝宝那样喵喵叫或汪汪叫，用鼻子蹭你的腿让你抚摸他。学习使用马桶也可能继续是一项挑战，"妈妈，给我擦屁股！"许多父母听到这样的要求时，可能会感叹，孩子到底何时才能独立。

这种在依赖和独立之间的摇摆是正常的，你的孩子总有一天会成长为你所期望的自信、独立的孩子。但是成长并不容易，把你要求他做的事情细化为步骤。如果他仍然抗拒你对他独立性的小小推动，他可能只是想告诉你，他需要多一点的爱和安慰。留出一点时间来相互依偎，你很快就会发现他主动开始独立了。

# 家长来信：当你失去控制时

我成长的环境非常恶劣，因此我发誓绝不会对我的孩子大吼大叫，但我有时确实会对我的女儿大吼大叫。在事态恶化之前，我努力想控制住自己，解释说我很沮丧，但我并非总是有机会这样做。所以当我开始大吼大叫的时候，我女儿的反应是用她尖尖的嗓子大叫，然后开始哭泣。

有时候我需要走开，我告诉她我需要一段时间冷静下来。我会深呼吸，通常会给我丈夫发短信。在这个时候，我的女儿往往会来找我。我们坐在一起，说说自己的感受，我告诉她我为什么那么生气。我们彼此道歉，然后继续生活。我认为最重要的是保持沟通，并告诉孩子，情绪激动是很正常的。

[盖尔，35 岁，来自美国密歇根州卡拉马祖，有两个孩子（三岁和新生儿）]

第 5 章
CHAPTER 5

四岁的孩子

与去年偶尔的黏人相比，四岁孩子的探索精神和"能做"的态度是可喜的变化。甚至在家长询问之前，孩子可能就已经跑开并以惊人的聪明才智处理问题，然后带着自豪的微笑拉你过去看看。尽管他仍然渴望得到你的关注，但他不再把自己看作一个婴儿，而是他所在社区的一个合格公民，随时准备着在有需要时帮助他人。

退出幼儿阶段的孩子经常展现出自信的姿态，家长可以亲身感受这段美好的时光。在这一年里，最有效的育儿策略将集中在强化亲子关系上。

# 四岁孩子的发展特点

　　责任感是四岁的关键词。孩子现在能够有目的地完成任务，并且能在较短的时间内完成。他会开始明白什么是朋友，而且会对涉及公正或合作的游戏、故事产生强烈的共鸣。许多四岁的孩子会不断地问问题，包括为何、何地、何人、何事、何时，他们会将这些信息与之前对世界的认知联系起来，而且由于有强烈的求知欲，他们的学习或冒险活动变得更容易了。

## 有什么新进展

　　现在，你四岁的孩子可能会蹦蹦跳跳地跃过路上的任何东西，他敢于爬得更高，跑得更远。他可能会为了练习平衡感，在一条笔直狭窄的小路上来回走动，并大叫"看我，看我"。对于精力充沛的四岁孩子来说，不需要有组织的体育活动，简单的接抛球游戏就已经足够有趣了。

他在倒水时已经不会洒出来了。他已经掌握了精细运动技能，可以使用一些真正的工具，比如用钝头小刀切水果，用儿童锤把钉子敲入木头，用安全剪刀剪纸。尽管在做这些事情的时候，他仍然需要成人的密切关注和明确的安全防护措施。

家长会发现，四岁孩子的认知已经可以进行一些学习探索了。许多孩子会将字母音与字母名称联系起来，并进行基本的数学运算。不过要注意的是，在这个年龄，所有的教育都一定要通过可触摸材料以及游戏探索来实现，最好的方法永远是让孩子主导。四岁的孩子有着难以置信的好奇心和内在的动力，他们也能够很好地与成人沟通，提出问题，预测结果，并分享成果。如果希望激发孩子学习的兴趣，家长所要做的就是表现出热情。

不过，在这一年里，孩子的生活不应该以学业为主，而是以创造性的游戏为主。与蹒跚学步的幼儿的"假扮"游戏通常会选择成年人的角色不同，四岁儿童会花时间幻想所有可能存在的（甚至与事实相反的）行为。他们很难区分真实与幻想，所以家长的工作是给孩子安全感，让他能够依赖我们，并让他沉浸在真实的经历中。这样一来，他可以任由自己的想象力带着他去往任何想去之处。因为他知道不管故事有什么结果，你都会保护他的安全。

很多四岁的孩子喜欢结交新朋友，并和朋友尝试各种合作和竞争的游戏。一群孩子原本在玩"过家家"，可能会突然转变成"抓坏人"的疯狂追逐，然后又突然变成医疗团队抢救病人。正是因为社交在这个年龄是如此重要，内向或不擅长社交的孩子会因被排斥而感到孤独，他需要家长来帮助他融入社交活动。

## 能力和局限性

四岁的孩子友好而有趣，他正在巩固他在家庭和社区中的地位。他现在可以做的事情比之前任何时候都多，而且他也深知这一点，但他仍然需要很多实际指导。

**有社会意识**　在一个四岁孩子的眼里，朋友是当下可以和他玩耍的人。不同于年龄稍大的孩子基于共同兴趣爱好而发展的独特的"朋友"，四岁的孩子会因定期接触同龄人而受益匪浅。大型合作项目和活动为他提供了解决问题和冲突的机会。成年人的观察和偶尔的干预是至关重要的，因为孩子在明确自己在同龄人中的社会地位时，会试图控制他人的行为或操控整个局面。在这个年龄，欺凌行为以及对团体活动的误解可能都会成为问题。

**赞同界限**　这个年龄的孩子已经内化了恰当行为的明确规则，但这不一定是因为孩子理解了这些规则，而是因为这些规则和限制为他提供了身心上的双重安全感。你四岁的孩子很可能会自豪地指出任何违反这些规则的行为，无论这些行为来自同龄人还是陌生的成年人，甚至是家人——这个规则的创立者。尽管已经牢记这些规则，但他还无法灵活运用规则。随着大脑发育的成熟，他将在以后的发展中创造自我强加的界限，并且理解细微的差别。这就使得作为成年人的你，有责任明确孩子的行为期望。

**理性初步形成**　冗长复杂的解释仍然会让孩子不知所措，但他已经能够将行动与后果联系起来，在必要时做出妥协。为他的需求进行争取是他需要练习的技能，所以要让他在你的保护下练习这项技能。

孩子现在更注重公平了，因此在日常生活中他会成为一个值得信赖的伙伴。要知道，尽管孩子多半是虚张声势，但他仍然是一个冲动的人，容易挑战极限，所以成年人的监督仍是必不可少的。

**有效地表达情感**　大多数四岁的孩子通过问问题来学习对话技巧。当心烦意乱或生气时，他能够认清自己的情绪，并向他人表达自己的感受。他对自己的肢体语言也有了更多的意识和控制力，你经常可以看到他在镜子前摆出夸张的姿势探索自己的身体，或在别人面前摆出各种姿势来观察他人的反应。然而，他所做的并非全是表达善意，在这个年龄，孩子正在学习单词在不同社会背景下的含义，他们知道不同的单词有不同的力量，他们根据周围人的反应测试语言的影响力，而当他们使用不礼貌的用语时，周围人的反应往往会更大。

## 沟通

所有孩子都能分辨出家长什么时候是在专心致志地听他说话，什么时候是三心二意。孩子还小的时候，会更容易接受你只用一半的注意力和他对话，但四岁孩子的要求往往会更高。对这个年龄的孩子而言，吸引你注意力的行为并不少见，他会试着用手将你的头转向他，或是做出一些令人厌烦的行为，比如提高他的音量，直到你最终把注意力全部集中到他身上。家长要做的是像之前一样，在解释规则、惯例或对行为的期望时，俯下身，以中低音量平静地说话，耳语往往比吼叫要有效得多。

如果你们不是在谈论一个严肃的话题，可以尝试着用游戏的方式来沟通。如果家长可以参与这个年龄常见的欢笑和兴奋，四岁的孩子会感到更加安心。过于严肃的态度很可能会遭到孩子的挑衅，诙谐的口吻和活泼的举止会让你从孩子那里获得更多的配合。当然，凡事都要适度，成年人浮夸的行为会产生相反的效果，有放大孩子活跃度的倾向。

在这个年龄，孩子常常对社会关系和死亡有很大的担忧。这些对话最好在有身体接触的时候进行，比如你坐在沙发上抱着他。有了身体的接触，大脑才能跟随着你的声音自由地探索。

四岁的孩子喜欢规则的概念，但他也喜欢参与决策。给孩子提供一整天活动的选择，这是在告诉孩子他的意见很重要，他会以这一责任为荣。与其引导他去回答问题，不如采取一种更开放的方式，用一些能让他得出合理结论的建议，比如"我想知道如果你……会发生什么"或者"我很好奇你在想什么"。这些问题会给他探索发现的机会，会在他的脑海里烙下深深的印记。

> **小贴士**　对一些孩子来说，眼神交流可能很困难，特别是那些内向、敏感的孩子或是神经多样性的孩子。不要只是因为孩子没有看着你就认为他没有认真听你讲话。与孩子交流时，与其要求他对视，不如保持耐心，感受他的情绪。

# 适合四岁孩子的管教策略

既然这个年龄的孩子觉得自己长大了很多，那么"转移注意力"的方法就不再管用了。在你的引导下，孩子可能会分心，但由于他现在的注意力更加集中，对时间的流逝有了更清晰的概念，所以不太可能忘记自己最初的要求，而且会感觉自己被忽视。他希望被认真对待，可以分担责任。大多数四岁的孩子都会有各种新的令人厌烦的行为，比如抱怨或使用粗鲁的语言。忽略这些行为，把重心放在他想引起你注意的原因上。让他积极参与寻找解决方案，这样一来，家长就可以获得孩子的配合。

四岁的孩子在讨价还价时会极为执拗，记得不要威逼利诱。从短期来看，这些手段可能会让你成为争论的"赢家"，但长此以往会让孩子觉得，操纵他人的情绪和行为来达到自己的目的是很正常的手段。在这个年龄，仍然有一些很有效的技巧，比如提供选择或是使用自然结果和逻辑结果，描述选择后的结果，并迅速执行所做的决定。除了在孩子三岁时可以使用的有效策略（见 p94），现在家长还可以更多地强调社区规范，以及使用更多的合作策略。

## 制定你的家庭规则

在这个年龄，没有弹性的规则会让孩子产生逆反心理，而放纵又会让孩子感到难以承受，并导致他们故意做出吸引大人注意力的行为。培养责任感和安全感的关键是中庸之道。你的家庭规则必须是合理的、可执行的。无论孩子是否识字，请你用简单的要点或数字列表写下最重要的规矩，让家庭中的每个人都记住它们。如果让孩子参与制定家庭规则，他们更有可能遵循这些规则。

先和全家人开个会，陈述问题，然后轮流表达自己的感受，一起想出几条大家都能接受的规则。例如，如果孩子刚收到亲戚送的一辆新的滑板车，那就花点时间预测潜在的问题，并从一开始就制定基本规则。家长可以说："×× 有一辆崭新的滑板车。我想听听她对此有何感想，我们大家可以思考一下，如何在保证安全的前提下，帮助她享受她的礼物带来的快乐。"接下来全家人一起讨论他们对这些问题的感受，比如为什么头盔很重要，或者在哪里骑滑板车对孩子来讲是最安全的。在家庭会议结束的时候，你可以宣布："好吧，现在我们讨论并通过了我们家使用滑板车的两条重要规则。一是在成年人的监督下，×× 可以独自骑着她的滑板车在人行道上从家门口滑到街区的尽头，然后返回。二是她需要戴头盔。我们还有其他什么需要讨论的吗？"如果包括孩子在内的所有人都同意，那么是时候执行规则，让孩子试一试了。在孩子成功地完成她的第一次滑板车骑行后，要感谢她遵守了规则，并表达你对她下一次冒险的期待。在她接下来的几次骑行前，你还可以给她小小的提醒："××，我看到你把头盔戴上了，你看起来已经准备好滑到街区的尽头，然后返回。希望你玩得开心！"请注意，安全行为规则的制定取决于你住在哪里以及你对孩子的信任程度。

共同制定规则是一个有趣的过程，一旦这样做了，就很难停下来。请记住，如果不是为了解决问题，而仅仅为了拥有一个规则而制定规则就没有任何意义。找出具体的问题，把注意力集中在行为的形成原因上，不要集中于行为本身。在这个年龄，基本规则需要涵盖的常见问题包括电子产品的使用、饮食习惯、就寝时间、美术用品的恰当使用、玩具的收纳、对玩具的分享等。

## 谈心

规则是有用的，但不能解决所有的问题。家长要记住的是，如果孩子的行为让你感到担心，你要解决的可能是潜在的根本问题。当孩子受到伤害，或者在某种程度上感到不舒服时，他们通常表现为咄咄逼人、辱骂他人、拒绝社交、背着大人做事、撒谎，或者干脆拒绝你的要求。在认为该对这些特殊的行为或态度采取其他措施之前，你应试着通过与孩子谈心来找到问题的根源。

找个时间两个人单独待在一个安全的环境里，如果孩子愿意，可以从拥抱、阅读或一起玩玩具开始。像往常一样，在对话一开始就认可孩子的感受。例如："今天下午××不肯和你一起玩火车，你看起来很不开心。你现在还难过吗？"一旦你的孩子开始觉得和你交流是件舒服的事，就分享一个你孩童时代的故事，并对如何处理类似的情况提出建议，让孩子知道你会一直站在他身边帮助他，他需要做的只是询问你的意见。通过谈心活动，你会加强你们的亲子关系，并满足孩子的情感需求。

## 表示感谢

给孩子一项特殊的任务，可以让孩子感受到你的信任，减少恶作剧。让孩子参与日常活动，能鼓励孩子合作。但让孩子保持忙碌只是这一育儿技巧的皮毛，孩子不仅想成为你的帮手，也希望通过自己的努力得到赞赏。当要对孩子的"优秀"行为或乐于助人的态度表示高兴时，家长不要只是空洞地赞扬。当孩子听话的时候，大量使用"做得好"或"很棒"是一种矫正孩子行为的技巧。家长可以通过奖励，从而使孩子的某些行为得到加强，并减少孩子的其他行为，但这种技巧不能帮助孩子自律，而自律恰恰是我们的最终目的。当孩子做出某件事，而家长不在身边表示赞成或反对的话，我们的孩子还会尊重自己、他人和环境吗？

诚实的、积极的反馈可以帮助孩子增强自尊、严于律己，为孩子的长期发展提供支持，这需要家长多多努力——充分描述你欣赏的行为或举动，然后由衷地表达感激之情，并且养成习惯。家长需要把孩子的行为和结果联系起来，例如：最近几天孩子不想去幼儿园，出门非常困难，经常迟到。但是今天早上，孩子并没有磨磨蹭蹭，而是自己穿好衣服上了车。在开车之前，家长可以花一分钟的时间来认可孩子的努力，告诉他："我注意到今天早上我说'该准备出发了'，你很快就穿上鞋子并上了车，而且还自己扣上了安全带。我知道早上出门很难，因此非常感谢你能在出发前快速地准备好。我刚看了看表，我们今天不会迟到，我们会准时到达幼儿园的。"

> **使用语言**：下次需要孩子遵守规则的时候，请试着用"如果你……就会帮很大的忙"的句式，例如："如果你把积木放在地毯上，就会帮很大的忙。这样我们就能看到你在哪里玩，而不会不小心踩到积木。"

## 激发想象力

故事中的艺术会为孩子打开同情心、耐心和灵感的大门。我们的大脑天生就倾向于关注那些好玩的故事，而不是枯燥乏味的建议。四岁的孩子正在学习如何讲故事，如果家长把更复杂的主题编织到他们的游戏中，描述一些细节和要点，会是一个发掘孩子创造力、捕捉孩子想象力的好机会。你越是用生动的语调表达情感，越是用形容词来形容平凡的事物，你的孩子就会越着迷。当孩子在商场里看中了昂贵的玩具不肯放手时，或是在长途旅行闹脾气时，又或是在角色扮演时，这种技巧都很有用。

# 四岁孩子的常见问题

如果家长不采取任何措施，这一年的争执可能会很频繁。在本节中，你将得到一个清晰的计划，以规避与四岁孩子发生的大部分争执。家长的目的是帮助孩子获得自尊心和责任感，并带着这些能力度过幼儿时期。

## 恐惧

即使没有外界的影响，四岁的孩子也会陷入那些黑暗、可怕的想象，比如畏惧死亡或独自待在黑暗中。对他而言，现实和幻想是难以区分的，所以被怪物吃掉的想法和窃贼偷东西同样可怕而真实。孩子的这些担忧可能会转变成轻微的焦虑，这在孩子成长过程中很正常。如果家长忽视孩子的这些感受，他可能会以搞破坏的方式来缓解他的焦虑，比如不服从、不好好睡觉或其他破坏性行为。孩子需要家长用真诚来安慰他。

## 死亡

现实是残酷的，我们都会意识到自己的生命和所爱之人的生命是有限的，都要和死亡作斗争。四岁的孩子在某一刻会突然明白死亡是什么。这种认识可能会随着时间的推移而缓慢发生，也可能是在路上看到动物的尸体、目睹宠物过世、失去朋友或亲戚时突然发生。你会试图分散孩子的注意力，让他往更积极的方面去想，甚至撒谎，但孩子需要你认真地和他聊聊地球上包括人类在内的所有生物的生命周期。

这时家长应该和孩子谈谈心，让孩子抒发他的情感，倾诉他的忧虑，而你准备好吸收他的悲伤，允许他问你一些令人不安的问题，比如"爸爸，你会死吗"或者"妈妈，为什么鸟儿再也飞不起来了"，甚至"爷爷死后去哪儿了"。用半真半假的事实来掩饰，或是给出奇幻的解释，都无法解开他的疑惑，解决他的烦恼。把孩子需要知道的信息告诉他，这样他才有安全感。

以下是一些你的孩子在这个谈心时刻希望听到的内容：

· 所有的生命都有始有终，其间会发生各种各样的变化，我
  们称之为生命周期。
· 死亡是生命周期的一部分，即生命周期的结束。
· 悲伤是当我们失去所爱之人或物时的正常情感。
· 担心死亡是正常的。当所爱之人或动物死去时，我们感到
  悲伤也是正常的。

阅读有关动物生命周期或悲伤主题的书籍可以帮助孩子平复情绪。为了避免混淆，保持信息的简单化和集中化。在结束谈话时，一定要

心平气和地保证他是被爱着且安全的。告诉他，你是多么感激他能问出这些重要的问题，并参与关于生死的深刻探讨。

## 角色扮演游戏的作用

有时候孩子会假装害怕，但其实他们根本不怕。通过扮演被凶猛的捕食者猎杀的惊恐猎物，他们能够安全地体验到"战斗或逃跑"。如果感觉到孩子的恐惧其实是假装的，你就可以加入其中，扮演躲藏或逃命的动物。一定要按照孩子的假设来玩这个游戏，时不时停下来让孩子确认这一切只是游戏，过度幻想或太过戏剧化会让孩子产生困惑。以下是一些有意思的想法，可以帮助孩子克服恐惧。

**熔岩游戏**　在指定区域的周围放上枕头或小地毯当作"熔岩"，然后从一个地方跳到另一个地方，尽量不要赤脚接触"熔岩"。这是帮助孩子在室内释放活力的好方法，同时也是练习平衡技巧的好方法。

**动物面具**　坐下来用硬纸、剪刀和胶水做些玩具。在做好一个简单的狮子面具或老鼠面具后，孩子可以戴着面具扮演不同的角色。你可以模仿狮子的勇猛有力或老鼠的轻快匆忙，和孩子轮流扮演动物，请让孩子掌控节奏。

**追逐**　可以在室外大片的空地上，或是室内安全的走廊上，和孩子互相追逐。大多数孩子被抓到时都会高兴地尖叫。记得也让你的孩子追你试试。

**使用玩偶**　有机会的话，记得使用玩偶屋、木偶或动物玩具来进行角色扮演游戏。一起玩的时候，你可以用这些道具来给一个故事开个头，然后观察孩子是如何补充故事情节的，例如："有一天，小老鼠很害怕……"

# 不服从

一个在身体上和情感上都失控的四岁孩子，一点都不好玩。在孩子还小的时候，你可以很轻易地抓住他，把他带到一个安全之所。但对于一个强壮且脾气暴躁的孩子来说，情况就大不相同了。这会变成一个育儿悖论：你越是坚持自己对孩子行为的权威和掌控，要求他绝对服从，你就越可能看到他的不服从。但是，这并不意味着你应该允许你的孩子做任何他想做的事，孩子需要你给他树立一个坚定而懂得变通的成年人形象。

## 避免争执

在这一年里，你可能需要改变你对孩子服从程度的期望值。他不再单纯为了独立学习而试探你的界限，他会故意反抗你来考验你们的关系。作为他的父母，他对你的信任超过他对世上其他任何人的信任。在他犯错、陷入恐惧或挑战权威的时候，还有谁可以给他如此强烈的安全感呢？

当孩子公然反抗你时，你可能会感到不舒服，但是想想这在以后的生活中会对他产生什么影响。也许有一天他会勇敢地面对他的朋友，拒绝参与霸凌行为。当他再长大一点进入青春期，他可能会坚定地告诉成年人，他的某位同学正在从事危险的活动。当他成为一个成年人，也许他会积极参与当地政府部门的工作，为那些被忽视的群体挺身而出。在这种情况下，挑战权威并非糟糕的技能。

如果孩子只是违反了家规中的一些小事，请用积极的方式来处理，不要太在意。只要孩子是安全的，不会给他人造成伤害，那么家长可以试着换个角度看问题。把争斗留到重要的大事上吧。

## 应对争执

"你不能逼我！"你的孩子得意地说。你身体里的每个细胞似乎都在大喊"你看看我能不能"，但是请忍住，不要搞这种你一言我一语的争吵。争论需要两个人才能进行，虽然你可以通过成年人的权威赢得这场战争，但是你的孩子可能会生气或不安，而你也可能会筋疲力尽，根本不觉得自己获得了一场胜利。如果很清楚为什么希望孩子遵守规矩，你就可以尝试多种技巧，在保证孩子安全的前提下灵活运用这些技巧吧。

给孩子一个选择，这样既不丢面子，也能给双方一个台阶下。例如，如果孩子正往街上乱跑，用身体拦住他，大喊"停下"或者"嘿"引起他的注意，然后说："你想跑步可以，但是不能在街上跑，因为这样做很危险。等我们到了公园，你就可以到处跑了。现在你是想牵着我的手，还是紧跟着我？"这两个选项差不多，孩子选哪一种都有可能。但如果你的孩子紧跟着你走了几步，又跑起来，你就可以说："你又跑了，现在我会牵着你的手，直到咱们到达安全的地方。"

如果孩子经常忘记规矩，请时不时提醒他。例如，如果你发现孩子在沙发上吃零食，你可能会说："我们制定的规矩是在桌子上吃东西，而不是在沙发上吃，因为我们都认为沙发应该保持干净。我希望你能把你的盘子端到桌上去。"这种方法不具灵活性，也没有争论的余地。

当然，有时候灵活处理也没什么不好。如果你做出一定的妥协，从长远来看，你可能会得到更多的合作。把已有的规矩和其他选择结合起来，与孩子谈判，这种方法产生的结果可能是，"我们定的规矩是在餐桌上吃饭。你觉得今天应该例外吗？如果是这样的话，我希望你在腿上放一个托盘，这样食物就不会散落在沙发上。或者你可以坐在地板上吃。你觉得这两个方法可行吗？"记住，如果家长太过灵活善变，规则从未被执行过，那就没有意义了。偶尔打破一下规则是可以的，但是如果不断地破例，你就需要重新评估规则的合理性了。

寻求孩子的帮助也是获得他配合的一个好方法。大多数四岁的孩子都乐于助人，这让他们感觉自己很强大。例如，如果正准备带孩子出门去做年度体检，马上就要迟到了，而他仍然光着脚，你可以说："我担心我们会迟到。如果你自己穿鞋就能节省时间，等我收拾好零食，我们就可以出发了！你记得你的鞋子在哪里吗？"

找时间坐在一起或躺在一起谈心，双方都将自己的情感表达出来，这是另一种避免争执的方法。任何有效的谈心都会自然而然地包含责任的主题，也会提醒你作为家长对孩子的无条件的爱。孩子永远都听不腻你说的"我爱你"。

# 通往和平的道路

谈心不需要由成年人引导，也不一定是自然而然发生的。教你的孩子用以下方法解决冲突，寻找内心的平静。这种方法对于兄弟姐妹或好友之间的冲突很有效，在成年人与儿童的争执中也同样有效。比起让孩子面壁思过，这种方法有用得多。

**第一步，指定一个空间。** 如果你想让孩子适应一个新的规矩，找一个特定地方会很有帮助。对于你们来讲，安静平和的空间可能是一张小桌子，或是一块小地毯。

**第二步，装饰这个空间。** 放置一些漂亮而特别的装饰品，让人感到舒适，比如放上有人造花的花瓶，或者石头和羽毛等。如果需要，可以加一块桌布，并在附近的篮子里放一本关于和平或友谊的书。

**第三步，声明规则。** 拿着指示物的一方讲话期间，另一方必须保持沉默并倾听。

**第四步，练习整个过程。** 在使用这种方法解决真正的冲突之前，先试着进行角色扮演。在来回传递指示物时，双方都有机会表达自己的感受。使用恰当的语言，比如，"我觉得……是因为……"或"当你……的时候我感觉……"。然后，如果有必要，道歉并提出解决问题的办法，"也许我们可以……"。当双方对解决方案达成一致时，用一句话来庆祝，如"我们和好了"，摇一个小铃或是握手，表示这个结局是值得庆祝的。

**第五步，调解。** 在每个孩子都能完全理解如何表达情感且能轮流表达前，成年人的干预是必不可少的。有时孩子（特别是那些年龄较小或有社会情感障碍的孩子）不愿意表达他们的感受，这时家长可以代表他们说话，并提出解决方案。

**第六步，冥想。** 独自去这个平和的空间，手拿指示物，慢慢有节奏地呼吸。告诉你的孩子你正在寻找内心的平静。这个空间也可以作为平息情绪或是放松小憩的场所。

培养专注、平和的态度将使你的孩子在未来的任何冲突中，都能以非暴力的方式平息他强烈的情绪。

# 撒谎

　　墙上突然出现了红色的蜡笔涂鸦，孩子的眼睛睁得很大，他的手在身后紧紧抓着什么东西，毫无疑问他拿的是一支蜡笔。在你说话之前，他脱口而出："不是我干的！"了解孩子为什么撒谎，并学会以温和的权威来回应，将大大降低孩子未来撒谎的可能性。

## 孩子为什么撒谎

　　能够用言语欺骗他人（或者至少尝试这样做）是所有孩子的必经之路。当你的孩子还是个婴儿的时候，他认为眼前的物体是真实存在的，当物体从他的视野中消失时，它也会从他的意识中消失。慢慢地，随着时间的推移，他开始明白物体是可以隐身和现身的，在他学习这个概念的时候，你可能就和他玩过躲猫猫。在蹒跚学步的时候，孩子就会知道，一个人的思想也可以被隐藏，只有当一个人选择说出真相的时候，他的思想才能被解读。

　　六岁以下的孩子还不能很好地区分幻想和现实，因此孩子甚至会相信自己的谎言。小孩子的撒谎行为与成年人的撒谎行为有本质上的不同。"撒谎"表明孩子正在调动他的想象力改变现实，这与玩角色扮演游戏没什么不同。当他像狮子一样咆哮时，他想象着自己的爪子正在随着力量弯曲，自己在追逐鬣狗，这时的自己强大而勇敢。当他坚持说他没有在墙上乱写乱画时，他正竭尽全力想象这是真的。

## 如何处理谎言

撒谎是孩子身心发展的必经之路。许多父母都错误地认为撒谎是孩子"学坏了"。因为孩子做错事而惩罚孩子，然后又因为孩子撒谎而再次惩罚孩子，会产生与父母期望相反的效果，出于对惩罚的恐惧，孩子撒谎的次数会越来越多。阻止孩子撒谎的方法是，一开始忽略谎言，把注意力集中在撒谎的原因上，也就是害怕被批评。

首先，如果可能的话，不要给孩子撒谎的机会。当你已经知道真相，还要问他是否在墙上乱写乱画，你就是在引诱他撒谎。看到什么或是想到什么就说什么，比如在这种情况下，你可以直接说"墙上有蜡笔画"或者"你在墙上乱写乱画了"，很多孩子在这个时候就会坦白。不过，如果他撒谎，请记住，其实他希望自己没有撒谎。即使他被抓了现形，他还是天真地认为可以逃过批评。在墙上涂鸦可能是一时冲动，可能是为了吸引你的注意，也可能有什么事一直困扰着他。

你下一步要做的是在孩子撒谎之前，找到根本原因。如果需要清理现场，比如墙上的蜡笔画，先告诉他要做什么及为什么这么做，如"画画要在纸上，如果在墙上画画，蜡笔会损坏墙壁上的墙漆"。鼓励他帮忙收拾残局，与其苛求他自己完成，不如一起动手。

在清理中或者清理后，进行一次谈心。他需要知道当他做错了什么事时，不需要为此撒谎。你可以问："你担心我会生气？你觉得我发现后会怎样？"给他讲一个简短的故事，让他知道你是感同身受的，比如你曾经做错事后也不想让其他人发现。谈谈内疚的概念，以及它是如何让我们知道自己可能犯了错，解释谎言是如何破坏两个人对彼此的信任的。

接下来一起制订计划。下次当他觉得自己犯了错，他会怎么做？你会有什么反应？当你用这种方法来解决孩子的撒谎问题时，孩子会明白根本没必要撒谎，而且撒谎的行为也不可取，承认自己做错了反倒可以得到原谅和安慰。

### 灰色区域

想想你自己是否在日常生活中塑造了诚实的形象。如果你对孩子撒谎，他自然会以相同的行为来对待你。迟早，你们会需要讨论善意的谎言、奇闻怪事和真假参半的话题。使用这些谎言是否合适，取决于不同的社会环境和你的文化价值观，如果善意的谎言在你的文化价值观中是可以接受的，那么试着明确何时何地何事可以撒谎。你的孩子肯定会意识到这些是谎言，并可能会因此感到困惑。当这些问题在生活中自然出现时，比如当你感谢某人送给你一份你不想要的礼物时，请给予孩子解释。

## 社会关系

对于四岁的孩子来说，探索社会关系是一个永恒的主题。孩子在社会情感方面所做的探索和努力对于打造健康的自我形象极为重要。家长的目标是帮助孩子克服与同龄人的冲突，从而培养友谊。通过与不同的孩子玩耍，了解他们不同的生理特征、性格、技能水平和文化价值观，你的孩子将学会尊重人与人之间惊人的相似性和差异性。这些经历将为未来的所有互动奠定基础。

## 定义友谊

当孩子愤怒或悲伤地告诉我们，以前最好的朋友"不让我和他一起玩了"，或是宣布"他不再是我的朋友，我不喜欢他了"，这时候你会怎么做呢？在我们为孩子打抱不平之前，我们需要正确地看待四岁友谊的整个概念。你的孩子可能会与一些孩子相处得很好，与另一些孩子相处得没那么好，但他对交朋友的想法与你，甚至与十岁的孩子都不同。在他眼里，朋友只是和他一起玩的其他孩子而已。

孩子对自己社会交往的解释不完全可信，他不是可靠的信息来源。当孩子的朋友突然想和另一个孩子玩，或者想玩一个你的孩子不喜欢的游戏时，这种拒绝会让人觉得非常不公平。在这种情况下，谈心总是有效的，这样可以帮助孩子表达情感，并且解决与朋友的冲突。使用"通往和平的道路"的方法（见p135）在这里是有效的。

> **小贴士** 在这个年龄，许多孩子对探索身体部位产生了兴趣。孩子们的好奇心是很正常的，决不能让孩子因为自己的身体而感到羞耻。但是，你必须教会他们在公共场合什么样的行为是恰当的，什么样的行为最好在私密场合进行。获取同意也是一个需要强调的话题："未经允许，任何人都无权触碰你的身体。"

## 群体动态学

在这个年龄，将某个孩子排除在外的团体游戏很常见，但这种行为很快就会停止。四岁孩子的社交活动一般不需要微观管理，但绝对需要成人的监护和提醒。朗朗上口的规则常收到很好的效果，因为如果孩子自己注意到违规，就会经常提醒同龄人注意这些规则。一个成功的例子是告诉孩子"不能说'你不能玩'"，即不允许排斥他人。

被排斥的孩子可能需要成年人帮助他学会如何融入集体。如果游戏场上的每个人都已经选择了一个角色来扮演，他可能不知道该怎么做。你可以通过观察提出他可能喜欢的角色来帮助他。

## 粗鲁的行为

四岁的孩子可能是可爱的、甜美的，也可能是粗鲁的、暴躁的，即使他们并非故意。在这个年龄，孩子的语言表达能力有了质的飞跃。他学习了很多词汇，从恰当的描述性形容词到绰号和攻击性词汇。这种做法看起来很粗鲁，但孩子大多数时候都是无辜的。你的孩子可能还不知道，称超重的人为胖子会伤害到他们；对关心他的人脱口而出"我讨厌你"是不合适的。孩子在公共场合用词不当，对每个父母来说都是很没面子的事。

这些粗鲁的语言都是为了引起你的注意，所以在当下不要过度关注，适当忽略可能更有利，尤其是攻击性的语言。如果你觉得问题在于孩子缺乏这方面的知识，你的教导可能会对孩子有益。在与孩子看图画书时，指出其中一个人物身上的独特之处，让你的孩子想象一下，如果一个人因为他的独特之处而被别人起绰号，或是被他人用刻薄的语言讥笑，他会有什么样的感受。你不能直接教给孩子同理心，但你可以引导他走上正确的道路。根据孩子的性情，他可能需要更直接的教导来告诉他如何恰当地参与各种社交活动。请放心，有了你的指导，他最终会学会的。

**小·贴·士** 孩子会留意你在心情沮丧时使用的词语。如果孩子身边的人经常讲脏话，那这些词语很可能会在孩子的语言中突然出现。所以如果你把脏话挂在嘴边，那就不要奢望你的孩子不会模仿你。自己一直在骂人却不让孩子骂人，这是强人所难。在这个年龄，想要助力孩子的发展，就要承认语言的力量，有些词语会被别人认为是粗鲁的。通过改变自己的语言习惯来告诉孩子如何使用不同的措辞来表达同样的感觉或情绪，努力用更积极的方式来表达感受，比如"我现在感觉太沮丧了"。在使用了上述技巧之后，尽量忽视孩子使用的脏话，太过关注这些词只会增加孩子使用这些词的频率。

## 哭哭啼啼

哀求、恳求、乞求和唠叨，这些行为听起来就很让人心烦，而且持续时间越长就越烦人。各个年龄段的孩子都会哭哭啼啼，而且这种行为不会因为你要求孩子"正常说话"而消失。事实上，在孩子面前模仿他们哀求的声音，抱怨这种声音有多烦人，只会让你听到更多的号哭，然后你就会屈服，让他心满意足，你的让步只会加强这种行为。

## 孩子为什么会哭闹

你肯定有能力教孩子用更恰当的方式来引起你的注意。当他哭哭啼啼的时候，他可能根本就没有意识到自己在做什么。教育的时间不要选孩子正在哭闹的时候，最好选一个孩子休息好并且乐意与你一起玩角色扮演游戏的时候。在实际生活中，哭哭啼啼是很烦人的，你必须无视孩子这种妄图吸引注意力的方法。你要关注的是孩子哭闹的真正原因，他可能并非想要收银台旁边的糖果，你得看得更深一些。

当感到无聊、沮丧、饥饿、疲惫或被忽视时，孩子往往会开始号哭。当我们把注意力集中在其他事情上时，比如开车或购物，我们很容易忽略孩子情绪变化的小信号。即使我们注意到，我们也可能因为太匆忙或太疲惫，而忽视这些信号，这会让孩子更倾向于大喊大叫。

## 结束哭闹

当孩子开始哭闹，家长首先要做的就是坚定自己的决心。如果你只想让这个烦人的噪声停止，就很容易妥协。但如果你是想让孩子停止这种行为，那就请放下手头的事情，给孩子充分的关注。否则，"战况"可能会升级。尽量与孩子保持眼神交流，经过他允许的身体接触也会有积极效果，比如把你的手放在他的肩膀上或握住他的手，共情他的感受，你可以说："你的声音听起来很沮丧。如果你累了，只想回家，确实很难继续在这里购物。"

当得到理解并感到安慰时，他会松一口气。有的孩子可能会继续哭闹，让孩子知道，你正在给他的行为设定一个限制，但你不会满足他的要求。尽最大的努力去忽视孩子的行为，但一定要表现出你的关心。对很多人来说，沉迷于幻想是一种有趣且有效的转变情绪的方法。例如，当他抱怨回家要花太长时间时，你可以说："我同意，这辆车真是太慢了。下次我要买一辆带翅膀的车，按下一个按钮，翅膀就会展开，带着我们直接飞回家，就在所有红绿灯的上面飞。"当听到这样一个幽默的想象，大多数四岁的孩子都会忘记抱怨，渴望加入你的幻想游戏。这种方法几乎适用于所有事。如果他想买冰激凌，确定你的限制，再邀请他加入你的幻想世界："我不会去买冰激凌，但我真希望我可以去。我想要加上薄荷味最强的巧克力片，你呢？"

虽然在接下来的几年里，他可能还会时不时地哭哭啼啼，但如果你用明显的同理心和一点幽默来回应，并且不轻易妥协，孩子最终会学会用其他方式表达自己的需求。

**使用语言**：如果你已经给了孩子一个答案，他却还在不停地问同一个问题，这表明你的孩子缺乏自信，需要帮助。可能会有效果的一句话是："我已经回答了这个问题。你还记得我说过什么吗？"如果你的孩子不能复述，这说明你第一次讲得不够清楚。如果他总结了你之前的回答，你接下来可以说："听起来你已经知道该怎么做了！我还能为你做点什么吗？"

# 家长来信：看待撒谎的新视角

　　我不记得我儿子对我说的第一个谎言是什么了，但他一到四岁，就开始不停地撒谎。我当时很着急，直到我意识到这是语言和认知发展的必经阶段。我们讨论了他的这个有趣的新技能，以及这个技能是如何向我展示孩子的大脑在发育的。我向他解释善意的谎言和真正伤害他人的谎言之间的区别。当我们为惊喜派对或求婚保密时，有些谎言是可以接受的。但当谎言可能会伤害到其他人时，谎言就是不可接受的。我还向他保证说真话不会给他带来麻烦，即使他说真话的行为会带来一些后果。这种看似永无休止的谎言不到几个月就停下来了。

[瑞秋，33岁，来自美国田纳西州纳什维尔，有两个孩子（四岁和一个月）]

# 致 谢

亨利和裘德，我爱你们超过一切。照顾你们从来都不是件易事。随着你们的成长，为了维护你们的独立，作为妈妈的我有很多顾虑。在你们伤心的时候，我和你们一起哭；当你们作出勇敢的举动，或者获得成功时，我和你们一起欢呼。有时我发脾气，有时我缺乏耐心，我也不希望自己这样，因此为了你们，我变成了更好的人。如果没有亲身感受你们小时候的脾气，我永远也写不出这本书。

大卫，我无法想象如果没有你的冷静和同情心，我怎么能把孩子带大。在处理孩子那些挑衅行为的过程中，是你提醒我，我们的孩子可能会有什么感受，是你一遍又一遍地问我，如何才能满足他们的情感需求。你让我脚踏实地，你是我的生活伴侣，也是我的灵魂伴侣。谢谢你的指导和鼓励！

凯特、艾米、卡里、盖尔、瑞秋，感谢你们愿意与我分享你们的育儿经验，感谢你们的智慧和大度。

感谢所有在这段旅途中支持过我的人，感谢我的父母以及那些为人父母的朋友。感谢蒙台梭利社区、布瑞娜·西尔维斯特、我的编辑凯蒂·摩尔，还有卡利斯托媒体团队。书中的每一页都有许多慷慨而有才华的人留下的痕迹。